임상감독자가 전하는
미술치료 노하우

유능한 미술치료사 되기

임상감독자가 전하는
미술치료 노하우

유능한 미술치료사 되기

드보라 슈로더 지음 | 오연주 옮김

Σ 시그마프레스

유능한 미술치료사 되기

임상감독자가 전하는 미술치료 노하우

발행일 | 2010년 4월 10일 1쇄 발행
2011년 8월 10일 2쇄 발행

저자 | Deborah Schroder
역자 | 오연주
발행인 | 강학경
발행처 | (주) 시그마프레스
편집 | 김수미
교정 · 교열 | 박민정

등록번호 | 제10-2642호
주소 | 서울특별시 마포구 성산동 210-13 한성빌딩 5층
전자우편 | sigma@spress.co.kr
홈페이지 | http://www.sigmapress.co.kr
전화 | (02)323-4845~7(영업부), (02)323-0658~9(편집부)
팩스 | (02)323-4197

ISBN | 978-89-5832-778-3

Little Windows into Art Therapy

Small Openings for Beginning Therapists

* 책값은 책 뒤표지에 있습니다.

역·자·의·글

미술치료 교육 과정을 마치고 처음 내담자를 마주했을 때 어찌나 긴장하고 쩔쩔맸던지 지금도 기억이 선하다. 형사처럼 정보를 캐내기만 했지 제대로 품어 주지도 못하고 떠나보내야 했던 그녀, 초보 치료사를 공포로 몰아넣고 세상을 등져 버렸던 그, 도무지 자리에 앉으려 하지 않았던 그, 한 시간 내내 도통 입을 열지 않아 내 인내심의 바닥을 보게 했던 그…….

그들과 함께했던 초보 미술치료사 시절은 좌절과 무기력의 연속이었다. 그 어려움을 세밀하게 살펴 준 선배 치료사의 임상감독과 나 스스로의 미술 작업이 없었다면 서둘러 이 일을 포기해 버렸을지도 모르겠다. 이미지를 통해 정기적으로 내담자들에 대한 나의 내면적 반응을 살피고, 대리적 경험으로 지친 자신을 돌보는 시간을 갖게 되면서 나는 치료사로서 한 걸음씩 내디딜 수 있었다. 그렇게 걸음에 힘이 생기면서 내담자의 트라우마를 함께 견딜 수 있었고, 치료 여정을 통해 훨씬 편안하고 성숙해진 내담자들과 기쁨을 나눌 수 있었으며, 정이 흠뻑 든 내담자들과 헤어져야 하는 상실감도 조금씩 이겨 낼 수 있게 되었다.

그러나 아무리 같은 병명이나 이슈를 가지고 온 내담자들이라 하더라도 개인의 성향이나 성장 배경이 아주 다르고 고유해서, 지난번 내담자에 대한 시각으로는 새로운 내담자와 만나기 어렵다. 그래서 미술치료는 매번 새롭고 또 새롭다.

그러던 터에 초보 미술치료사의 어려움을 이해하고, 치료 과정에서 그 어려움을 헤쳐 나갈 수 있는 방법을 제시한 책을 발견하여 너무나 반가웠다. 미국의 미술치료사 드보라 슈로더(Deborah Schroder)가 저술한 이 책의 원제목은 '초보 미술치료사를 위해 살짝 열린 미술치료실의 작은 창문(Little Windows into Art Therapy: Small Openings for Beginning Therapists)' 정도로 해석할 수 있는데, 좀 더 그 뜻을 간단명료하게 전하기 위해 번역서의 제목을 '유능한 미술치료사 되기'로 하였다.

미술치료사이자 임상감독자인 슈로더는 미국 뉴멕시코 주 산타페에 위치한 사우스웨스턴대학(Southwestern College)에서 미술치료를 가르치고 있으며, 대학원 과정의 책임자이기도 하다. 또한 다양한 치료 현장에서 미술치료를 했으며, 세계 여러 나라에서 강의한 경력을 지닌 전문가이다.

슈로더는 이 책에서 초보 미술치료사가 치료를 하는 과정 중에 겪게 될 어려움을 열세 가지로 분류했다. 그리고 각 이슈에 대한 선배로서의 경험과 노하우를 바탕으로 우리가 유능한 미술치료사로 거듭날 수 있도록 전문적 조언을 아끼지 않는다. 슈로더의 의견을 종합하면 '유능한 미술치료사'란 내담자의 모든 문제에 답을 줄 수 있는 치료사가 아니다. 내담자의 어떠한 이미지도, 어떠한 말과 행동도 담담히 품어 줄 수 있는 '그릇'과 같은 치료사를 의미한다. 그러기 위해서는 내담자와 미술 작업을 하기 전에 치료사가 먼저 미술을 중심으로 자기 자신과의 관계를 재정립해야 한다. 치료사가 자신의 내면적 반응을 자각하면 할수록 내담자와 더 잘 소통할 수 있고, 치료 관계도 더욱 진전시킬 수 있는 유능한 치료사가 될 수 있다는 것이 저자의 생각이다.

또한 슈로더는 내담자와 함께 미술 작업을 하라고 제안한다. "치료사의 그림에 나타난 수용적이고 감성적인 목격자 역할이 내담자에게 환영받고 존중받는다는 안전감을 주기 때문이다."

책의 내용을 구체적으로 살펴보면, 1부(1~4장)는 첫 만남에서 치료적 관계를 어떻게 정립할 수 있는가를 다룬다. 1장(그림으로 라포 형성하기)에서는 미술치료실에 처음 오는 내담자들이 얼마나 취약하고, 발가벗겨지는 느낌으로부터 자유롭지 못한지를 지적하고, 어떻게 하면 이들이 안전하게 느끼며 치료사에게 자신을 개방할 수 있을지 그 방법을 제안한다. 2장(주요 이슈로 향하는 길 : 치료 계획 세우기)에서는 어떻게 하면 내담자들의 삶을 큰 그림으로 조망하고, 나열된 사건들 사이의 관련성과 행동패턴의 이면에 담긴 의미를 추적할 수 있는지를 보여 준다. 3장(저항적인 내담자 수용하기)에서는 치료에 저항적이었던 저자 자신의 경험을 나누며, 누군가에게 기대는 일이 위협적이라고 느끼는 내담자들을 전적으로 수용하여, 치료에 대해 선택할 수 있는 힘이 있다는 것을 어떻게 인식시킬지를 설명한다. 4장(환영! 방문 미술치료)에서는 온 가족이 참여할 수 있다는 점에서 점차 환영받고 있는 방문 미술치료의 경험을 나누며, 치료실이 아닌 내담자의 사적 영역에 들어선 치료사가 어떻게 하면 치료의 경계나 안전의 문제를 넘어서서 가족들과 따뜻하고 유쾌한 교감을 이루어 낼 수 있는지를 보여 준다.

2부(5~10장)는 치료적인 관계가 좀 더 깊어지는 과정을 다룬다. 5장(작업을 더 깊이 있게 만들기)에서는, 내담자들이 자신의 두려움을 말이나 그림으로 공유하기 시작했다는 것은 치료가 좀 더 깊고 어려운 단계로 진입하는 신호로, 이때 어떻게 하면 치료사가 자신의 감정을 내담자에게 투사하지 않도록 잘 돌봐서 치료적 관계를 더 심화시킬 수 있는지를 이야기한다. 6장(슬픔을 알아보고 안아 주기)에서는 할머니를 잃은 저자의 경험을 통해 사별과 이별, 이사 등 상실의 슬픔을 겪는 내담자들이 어떻게 하면 상실감을 덜고, 스스로 슬픔을 감싸 안아 줄 안전한 내면의 공간을 만들도록 도울 수 있는지를 보여 준다. 7장(분노를 시각화하고 표현하기)에서는 분노라는 강력한 감정 때문에 미숙하게 굴 수밖에 없는 내담자들의 아픔을 이해하고, 어떻게 하면 안전하게 분노를 다루어 안전함과 평화를 만들어 낼 수 있는지를 보여 준다. 8장(고통스러운 이미지 수용하기)에서는 때때로 내담자의 혐오스럽거나 끔찍한 이미지에 공감적으로 연결된 결과로 치료사가 받게 되는 충격을 '대리적인 트라우마'라 정의하고, 시각적으로 민감한 치료사에게 상처 받지 않고 자신을 돌볼 수 있도록 내담자에 대한 반응 그림을 그리라고 제안한다. 9장(트라우마를 지닌 내담자의 고통 다루기)에서는 깊은 트라우마를 지닌 내담자들에게 치료 안에서 진정으로 환영받고 있으며, 치료사가 그들의 기억과 이야기를 함께 견뎌 줄 수 있고, 희망적인 미래에 함께할 사람이라는 신뢰를 어떻게 보여 줄 수 있는지를 다룬다. 10장(치유적 변화 격려하기)에서는 내담자들이 새로운 관점에서 자신을 이해하기 시작할 때 작업을 통해 어떻게 치유라는 잠재적인 선물을 나눌 수 있는지를 보여 주며, 어린 시절의 빈 공백을 이미지 작업을 통해 채워 낸 감동적인 사례를 소개한다.

3부(11~13장)에서는 종결을 준비하는 단계를 설명한다. 11장(내담자에게 종결의 책임감 갖게 하기)에서는 급작스럽게 종결을 서두르거나 혹은 종결을 거부하는 내담자들에게 어떻게 하면 치료적인 성과와 치유를 인식시키고 더 강한 책임감을 갖도록 할 수 있을지, 그리고 치료사 역시 내담자와 건강하게 헤어지기 위하여 어떻게 내면을 살펴야 하는지를 보여 준다. 12장(종결에 대한 치료사의 자기 반영적 평가하기)에서는 내담자를 봄이 되면 녹게 될 '눈사람'에 비유하면서, 필연적일 수밖에 없는 종결을 준비하기 위하여 내담자가 새롭게 갖게 된 인식과 능력을 어떻게 시각적으로 상기시킬 수 있는지를 설명하고, 치료사를 위한 자기 반영적인 명상 방법을 제안한다. 13장(건강하게 이별하기)에서는 종결 후 계속 앞으로 나아가야 할 내담자에게 필요한 긍정적인 내면적 힘과 외부적인 지원을 시각적으로 체험하도록 할 수 있는 방법을 알려 준다. 그리고 함께한 여정을 통해 서로에게 깊이 새겨진 이해심과 존중을 마지막으로 나누며 건강하게 헤어지는 방법도 소개하고 있다.

이 책이 특별한 이유는 위와 같은 중요한 이슈와 노하우들을 미술 작업을 통해 어떻게 치료 과정에 녹여 낼 수 있는지를 생생하게 보여 주고 있다는 점이다. 그 과정에서 결코 짧지 않은 미술치료 경험을 바탕으로

한 저자의 놀라운 통찰력과 상상력이 선명하게 전해진다. 순수한 열정과 애정을 가지고 내담자를 수용하는 치료사의 자세 역시 이 책을 통해 배울 수 있는 중요한 덕목 중의 하나이다.

나 자신도 이 책에서 저자가 제안하는 대로 미술 작업이나 명상을 함으로써 온전히 내담자를 위해 존재했는지, 관계를 통해 무엇을 배웠는지 점검하는 자기 반영적인 평가의 시간을 가지려고 노력하고 있다. 그 결과, 저자가 언급하였듯이 나 자신의 내면적 반응을 살필수록 내담자와 관계가 깊어지는 것을 절감했다. 나는 이 책을 통해 미술치료사로서의 새로운 지평을 얻을 수 있었다고 고백할 수 있다. 이 책이 처음 치료를 시작한 초보 치료사들에게는 든든한 길잡이 역할을 하고, 경험 많은 치료사들에게는 공감을 나누는 길동무 역할을 하리라고 믿는다.

이처럼 좋은 책을 소개할 수 있도록 출판을 적극 주선해 주신 서강대 심리학과 조긍호 교수님께 깊이 감사드린다. 그리고 열린 마음으로 기회를 허락하고 세심하게 모든 과정을 도와주신 (주)시그마프레스의 강학경 사장님을 비롯해 이상덕 차장님, 편집부 여러분께 감사의 마음을 전한다.

오연주

감·사·의·글

살면서 그토록 많은 지지와 격려를 해 주는 사람들과 만나다니 정말 행운이다. 이 공간에 그 이름을 일일이 다 나열할 수 없어서 안타깝다. 내가 관심을 가진 미술 작업과 특별 강좌에 여러 모로 지원을 아끼지 않으셨던 우리 부모님. 그리고 엘리자베스 크리스트슨, 메리 워크먼, 리사 블록클링거, 페니 슈워드, 수잔 와서먼, 던 콜, 제프 녹스, 주디스 칼브, 케이트 로저스 등 전폭적인 지지를 아끼지 않았던 친자매와 의자매 그리고 동료가 참으로 많았다. 특히 나 자신이 미술치료사로서의 정체성을 확고히 하는 데 도움을 주었던 캐런 맥코믹의 영감 넘치는 안내와 멘토링에 감사의 뜻을 전한다.

혁신적인 곳에서 일할 수 있었던 것도 축복이었다. 마운트메리대학과 사우스웨스턴대학의 동료들, IFDS와 HCT 치료 팀의 구성원들에게도 감사한다.

일하는 엄마에게 큰 인내심을 발휘해 준 훌륭한 우리 아이들, 조나

선, 조셉, 그레이스에게 고맙다. 이 책을 집필하는 과정을 도와준 미구엘 로드리게스에게도 감사한다.

수년 동안 나와 함께한 여정을 공유해 준 내담자들이 놀라울 만큼 너무도 많았다. 비밀 보장을 위해서 이름과 주변 상황을 확인할 수 있는 정보는 바꾸었음을 밝힌다. 그들의 삶의 여정 가운데 작은 부분을 지켜볼 수 있었던 것을 무한한 영광으로 여기며 감사의 마음을 전한다.

들·어·가·는·글

나는 그림 그리기를 참 좋아한다. 주로 수채화 물감이나 아크릴 물감을 사용하는데, 어느 해 여름 비단에 그림을 그리는 실크 페인팅을 배웠다. 비단에 스며들며 퍼지는 색의 농담에 나는 신선한 충격을 받았다.

실크 페인팅을 하면서 떠오른 생각은 미술치료에서 미술치료 기법을 활용할 때의 생각과 비슷했다. 미술치료 작업에서 여러 기법을 활용하다 보면 때때로 놀랍다고 느끼곤 한다. 기법들이 책에 많이 들어 있으므로 그 기묘함을 느낄 수 있을 것이다. 무심코 하는 작업이 주는 즐거움, 그리고 사람들에게 이용할 만한 재료는 무엇이든 사용해서 아무렇게나 만들어 보라고 격려하는 일의 즐거움을 알게 되었다. 이런 즉흥적인 미술 작업은 비단을 염색할 때 천이 물들어 가는 것을 보는 것 같은 착각을 불러일으킨다. 드러나는 색상과 형태가 얼마나 흥미로운지 모른다.

물론 의도를 가지고 하는 미술 작업 역시 의미가 크다는 것도 알게 되었다. 의도적으로 그리거나 생각을 가지고 작업을 시작하는 일이 가끔은 창의성의 불꽃을 당기기도 한다. 실크 페인팅은 원하는 모양 안에 색을 밀어 넣는 날염 방식을 활용하여 선과 구도를 얻어 낼 수 있는 기법이다. 저항과 맞닥뜨리는 순간에 이루어지는 예기치 않은 스밈으로 날염이 되는 것이다. 미술치료에서도 내담자가 저항과 맞닥뜨리는 순간에 드는 예기치 않은 생각은 매우 유용하다.

실크 페인팅은 언제나 놀라운 이미지를 만들어 낸다. 이를 통해서 나는 어떤 순간이든 어떤 방법이든 사람들이 미술 작업을 하기만 한다면 놀라운 이미지가 나타나게 마련이라고 믿게 되었다.

차 · 례

첫 만남과 관계의 시작

제1장

그림으로 라포 형성하기

_ '돕는 이로서의 나' 그리기, 나의 상징 그리기

가장 최근에 누군가와 새롭게 만남을 시작한 때를 기억하는가? 특별한 관계라기보다는 그저 누군가와 다시 보게 될 것 같은 호감을 나눈 정도로 말이다. 앞집으로 이사 온 사람일 수도 있고, 새로운 동료일 수도 있다. 혹은 모닝커피를 살 때 계산대 너머의 새로 온 종업원일지도 모르겠다. 그 사람과 미술 작업을 하면서 관계를 시작할 가능성이나 기회가 있을까? 흥미로운 상상이긴 하지만 그럴 가능성은 거의 없다. 그러나 한 번 더 상상해 보자. 낯선 두 사람이 만나 말로 '자신이 누구인지' 소개하는 통상적인 방식 대신, 작은 낙서 그림을 주고받는다고 말이다. 더욱이 소개팅 현장에서 이런 일이 벌어진다면…!

그러나 현실적으로는 누군가와 관계를 맺기 시작하는 데 뭔가 더 표준적인 방법이 존재하는 것 같다. 누군가를 만났을 때 우리는 상대방이 하는 이야기나 선택한 어휘, 어법이나 억양, 또는 목소리 크기 등에 중점을 두게 마련이다. 또한 그가 어떤 사람인지 파악하기 위하여 나이, 성별, 인종, 몸짓, 주거지, 옷 등 눈에 보이는 단서들을 고려한다. 그러나 서로를 알아 가는 과정에서 만일 우리가 스스로에 대해 더 많이 자각할 수 있다면, 이렇게 넘쳐나는 정보들에 대하여 자신이 내면적으로 어떻게 반응하는지 살필 수 있을 것이며, 그 점을 시작으로 관계를 더 진전시킬 것인지 말 것인지 미묘하고도 내면적인 결정을 더 잘 내릴 수 있을 것이다.

낯선 두 사람이 미술 작품이나 이미지에 대하여 서로 공유하는 것은 일상적으로 극히 드문 일이다. 사실 가족과 가까운 친구들이 직업적인 예술가가 아니라면 그들이 어떻게 그림을 그리는지, 뭘 만드는지 알기가 쉽지 않다. 우리 미술치료사들은 친한 친구가 그림을 어떻게 그리는지 알아주는 극히 이례적인 사람들이다. 여기서 친한 친구들이란 다른 미술치료사이거나 예술가일 가능성이 크다. 그렇기에 비록 치료적인 관계라 하더라도 우리가 내담자에게 새로운 관계의 일환으로 미술 작업을 하자고 제안할 때, 우리가 하고 있는 요구가 매우 이례적이라는 점을 유념할 필요가 있다.

내담자와 미술 중심의 치료적 관계를 형성하는 데 있어서 서로를 알아 가는 단계를 시작하기 전에, 미술치료사가 먼저 자기 자신과 미술 중심의 관계를 회복하기 바란다. 모든 미술치료사들이 미술 작업 공간에서 멀어져 헤매고 다니는 것은 아니지만, 유감스럽게도 많은 치료사들은 다른 요구들에 치여서 자신의 작업 공간 만들기를 먼 꿈이나 추억으로 여기는 것 같다. 일단 미술 작업을 할 공간과 시간을 확보한 후, 다음과 같은 미술 작업을 시도해 보자. *누군가 나를 도와주었을 때를 회상해 보고, 그 경험 자체에 대한 이미지나 거기서 촉발된 이미지를 만들어 보는 것이다.*

그동안 우리는 왜 돕고자 하는지에 대하여, 그리고 돕는 과정과 관련된 자신의 신념에 대하여 멈춰 서서 돌아볼 여유가 없었다. 이미지를 만든 다음, 어떤 방식이든 스스로 편하게 느껴지는 방법으로 이미지를 가지고 작업을 해 보자. 가령 질문을 던지고 싶다면 다음과 질문을 생각해 봐도 좋다.

- 누가 나를 도와주었는가? 그때 나는 구체적으로 그들에게 도움 받고 싶은 것이 있었는가? 그저 도움이 필요하다고 느꼈을 뿐인가?
- 도움에 대해서 나는 어떻게 반응했는가? 저항했는가, 갈등했는가, 아니면 어떤 도움도 수용했는가?
- 그 일이 있고 난 다음 어떻게 느꼈는가?

나는 수년에 걸쳐 도움 받는 것에 대한 이미지를 그려 보았는데, 이는 몇 번이고 되풀이하여 그리면서 왜 돕고 싶어 하는지, 그리고 도움을 주는 사람으로서 나는 어떤 사람인지, 나 스스로 중심을 지키기 위해서였다. 가장 의미 있었던 그림 중의 하나는 내가 세 살 무렵 이웃 어른이 나를 진흙탕에서 잡아 일으켜 준 기억에 관한 것이었다.

그날 나는 반짝거리는 새 검정 구두를 신고서 밖으로 놀러 나가 앞마당 끝에 있는 나무들 사이를 뛰어다녔다. 그러다가 그만 한쪽 발이 진흙 구덩이에 푹 빠지고 말았다. 몇 가지 느낌이 생각나는데, 누군지 기억이 명확하진 않지만 도움을 준 그 사람에 대해 두려움을 느꼈었던 것 같다. 그리고 도움이 필요하다는 사실에 당황했던 것도 같고, 부모님이 알게 되면 어찌 될까도 두려워했다. 이러한 두려움은 내담자들이 치료를 시작할 때 드는 생각과 비슷한 것 같다.

특히 전에 치료사를 만나 본 적이 없는 내담자의 경우 더욱 그렇다. 그런 내담자와의 경험을 돌아보면, 첫 회기에 그들이 느끼는 불안과 두려움이 너무 커서 듣거나 집중할 수 있는 능력이 거의 차단되거나 왜곡될 정도이다. 일반적으로 그들은 치료사인 내가 나 자신에 대해서 말한 것이나 작업하는 방식, 또는 치료적인 과정에 대해서 대부분 기억하지 못하는 것 같다. 그보다는 자신이 다음에 무슨 말을 해야 할지, 또는 솔직히 말해야 할지를 더 걱정하는 것처럼 보인다. 심지어는 잔뜩 긴장되어서 시계나 문을 번갈아 보며 치료실에 머물러 있을 것인지 말 것인지만 결정하려 드는 경우도 있다.

서면으로 이루어지는 접수 상담과 더불어 필요하다면 첫 회기에 할 수 있는 안전한 임상적 평가 방법으로, 치료사와 내담자가 서로 개인적인 정보를 나누는 미술 작품을 만들 필요가 있다고 믿는 이유가 여기에 있다. 별로 고려해 보고 싶지 않다는 치료사들도 있겠지만, 내담자와 함께하는 여행의 출발점이자 안전함을 위한 통과의례, 그리고 관계를 믿음직하게 만든다는 점을 생각할 때, 나는 함께 미술 작업을 하는 일이 매우 유용하다는 것을 발견하였다.

캐시 문(Cathy Moon)은 미술치료대학원 학생들이 내담자 옆에서 작품을 만들려 하지 않는 경향에 대하여 다음과 같이 언급한 바 있다.

“미술 작업에 참여하지 않는 것이 임상에서 점차 관행이 되고 있다.” (2002, p. 200)

내 경험상 내담자 옆에서 하는 미술 작업은 치료사 자신이 치료적인 관계를 발전시키는 데 한몫을 하는 아주 좋은 방법이다. 이것이 바로 노출 기법이다. 따라서 이미지가 담고 있는 내용에 대하여 마음을 다하는 것이 중요하다.

늘 그렇듯이, 우리가 내담자에게 우리 자신에 대한 정보를 노출할지 여부를 결정할 때는 어떤 내용을, 그리고 무슨 이유에서 공유하려 하는지를 분명히 할 필요가 있다.

메건이 처음 날 만나러 온 순간이 생각난다. 그녀는 자발적으로 온 것이 아니었다. 딸이 우울증 징후처럼 보이는 행동을 반복하는 것을 보고 겁이 난 어머니가 데리고 왔던 것이다. 그녀는 열여섯 살이었다. 내가 상담 신청서과 내밀한 이슈들을 검토하는 동안, 그녀는 손목에 찬 팔찌를 만지작거리면서 소파 구석에 축 처진 채 앉아 있었다. 어머니가 방에서 나간 뒤, 나는 서로를 더 많이 알아보는 시간을 가진다면 도움이 될 것이라고 말을 꺼냈다. 나는 메건에게 미술 재료를 보여 주면서 그녀가 누구인지 알아볼 수 있는 이미지를 만들어 보라고 했다. 물론 그동안 나도 같은 일을 할 것이라고 덧붙였다.

메건이 안심하는 듯 보여서 조용한 음악을 틀고 함께 작업을 시작했다. 내가 크레파스로 작업을 해 볼까 하고 결정하는 동안 그녀는 잡지에서 오려 낼 사진을 금방 찾아냈다. 작업하는 동안 그녀를 살펴보니 확실히 정신적으로 편안해지면서 시각적인 창조 과정에 빠져드는 것 같았다. 나 역시 나에 대한 시각적인 정보로 이루어진 작은 이미지들을 몇 개 그렸다. 나는 내담자를 의식하고 거기에 맞추어 소개 그림을 재단하지는 않는다. 대신 그 순간 떠오르는 내 삶의 몇몇 장면을 정직하게 그릴 뿐이다. 메건과 함께했던 첫 회기에 내가 그린 이미지는 호숫가와 CD 플레이어, 그리고 바깥에 물음표가 그려진 상자였다.

함께 이미지를 공유하는 시간에 메건은 나더러 먼저 해 보라고 요청했다. 나는 주말에 미시간 호수 옆 공원에서 어떻게 시간을 보냈는지, 그리고 물가에 있는 것이 얼마나 나에게 평화를 주는지에 관하여 짧게 이야기했다. CD 플레이어를 보면서 내가 가장 좋아하는 일은 좋아하는 음악을 크게 틀어 놓고 듣는 것이며, 지난 토요일에 새 CD를 사서 그것을 자꾸 트니까 우리 아이들이 괴로워했다고 말했다.

그녀는 적잖이 놀라는 눈치였다. 자신은 음악을 크게 듣는 것을 좋아하지만 아무도 자기에게 소리치지 못하도록 헤드폰을 사용한다고 말했다. 그리고 상자에 그려진 물음표가 무엇을 의미하는지 물었다. 나는 최근에 이사를 했는데 신발이 몽땅 담긴 상자를 잃어버렸다고 대답했다. 그녀는 내가 신고 있는 좀 허름한 신발을 내려다보더니 미소를 지었다.

아마도 그 순간 내가 좀 더 인간적이고 친근해 보였을 것이라고 생각한다. 나는 내 삶의 작은 부분들을 솔직하게 나누어 왔지만, 그렇다고 해서 모든 것을 다 공유하고 싶지는 않았다. 이삿날 구두 상자를 찾으면서 감정적으로는 완전히 녹초가 되긴 했지만 심한 정도라고 느끼진 못했는데, 그것이 드러났다.

더 어린 아이들과 초기에 그림을 공유할 때는 애완견이나 좋아하는 음식, 또는 좋아하는 색으로 부드럽게 추상적인 소용돌이 모양을 그리는 것을 좋아한다. 내가 단순하고 명확한 이미지를 그리면 가만히 지켜보다가 종이에 똑같은 이미지를 따라 그리는 아이들도 간혹 있다. 나는 이런 순간이 정말 좋다. 아이들이 애완견이나 피자, 아이스크림콘, 그리고 좋아하는 색으로 그리는 것을 편안하게 생각하게 되면 미술 과정을 통해 안전한 토대가 만들어지기 시작했다고 믿는다. 그러고 나면 아이들이 정말 나타내고 싶은 이미지가 있을 때 우리의 관계가 그것들을 품을 수 있게 될 것이다.

아주 어린 아이들과 작업을 하는 경우, 나에 대해서 많이 공유할수록 함께 작업하는 동안 아이들이 나에게 말을 걸거나 미술 작업을 하는 것이 훨씬 더 편안해 보인다. 괴상망측하고 정신없는 나의 이미지가 문을 열고 나오는 순간, 어린 내담자들도 이상하고 날뛰는 자신의 이미지를 드러내도 된다고 느끼고 그렇게 그린다.

한번은 종이에 토끼가 깡충깡충 뛰는 그림을 그렸던 적이 있다. 왜냐하면 정말로 하루 종일 이리 뛰고 저리 뛰고 했기 때문이다. 내가 그린 토끼는 마치 괴상한 귀가 달린 고양이처럼 보이기도 했다. 그 그림을 본 꼬마 베스는 웃다가 의자에서 굴러떨어질 지경이었다. 그러면서 베스는 편안해졌고, 자신은 그림을 못 그린다고 하던 말도 멈추었다. 우리는 회기 중에 어떤 이미지라도 환영한다. 요상한 토끼조차도 말이다.

아주 유사한 방식으로 성인 내담자들도 치료실 안에서 이미지를 풀어 놓도록 돕는다. 나는 똑같은 작업 과정을 활용하고 있는데, 서로를 더 많이 알 수 있도록 돕게 될 이미지를 만들자고 제안하는 일이 그것이다. 이 작업은 그림이 표면적으로 어떻든 간에 우리가 함께 여행을 시작하도록 도울 뿐 아니라, 적어도 내담자들로 하여금 미술치료가 어떤 느낌인지 맛보게 해 준다. 어떤 이미지도 환영받을 것이며, 내담자는 자신이 좋아하는 방법으로 편하게 말하거나 반응할 수 있을 것이다. 우리는 이미지를 더 발전시켜 볼 수도 있고, 색을 가지고 즐길 수도 있으며, 내담자가 이미지 속에서 내용적으로 발견한 것에 관하여 탐색할 수도 있다. 이것은 비록 미술 작업을 하고 그것을 나누는 생생한 찰나에 불과하지만, 그 순간은 함께 작업하는 우리의 전체적인 분위기를 좌우한다.

미술은 내가 어렸을 때 어떻게 해야 하는지 알고 있는 유일한 것처럼 보였기 때문에 어린 시절 미술에 대해 부정적이었거나 어려워했던 기억을 지니고 있지는 않다. 물론 내 경험이 기준이 될 수는 없다. 따라서 뭔가 하도록 요구받는 공간은 본질적으로 부적절하거나 당황스럽거나 창피하게 느껴졌던 기억들과 연결될 수 있으므로 그 순간을 깊이 이해하는 것은 미술치료사에게 매우 유용한 일이다. 그곳에 있기 위하여 무언가 해야만 했던 일을 전부 생각해 보니 교실 앞에 나가 칠판에 수학 문제를 풀어야 했던 기억이 떠오른다. 발가벗겨진 것 같고 바보같이 느껴지던 그 곤혹스러운 순간은 가능하면 수학 공부를 최대한 피해 보려는 신념으로까지 발전되었다.

따라서 나는 미술을 어렵다고 느꼈던 기억이나 경험으로 인해 편치 않은 성인들과 미술치료를 할 때는 미술 작업의 과정에 대해서 매우 부드럽게 이야기한다. 내담자가 그림의 질이나 솜씨의 수준이 걱정스러워서 마음을 다잡으려고 애쓰는 동안, 나 역시 어떤 이미지가 보이더라도 그 이미지가 존재할 필요가 있다는 신념을 내담자와 공유하려고 한다. 예를 들면, 내담자에게 자신이 누구인지 말할 수 있는 이미지를 만들도록 했는데 종이에 보이는 것이라곤 크고 어두운 회오리바람뿐일지라도 당연히 환영할 것이다. 회오리바람은 바로 규칙도 없고 틀린 답도 없고 금지된 이미지도 없다는 것을 보여 주는 증거이기 때문이다.

늘 그렇다고 인정할 수는 없지만, 우리는 미술치료를 통해서 선물을 받는다. 내담자의 이미지를 받아들인다는 것은 우리가 내담자를 수용하겠다는 뚜렷하고 명확한 의지를 보여 주는 것이다. 그림에 나타난 것이 무엇이든 내가 그들과 함께 앉거나 곁에 있을 수 있다는 것을 보여준다면, 그들은 내가 고통이나 '추악한' 기억들, 악몽이나 깊은 두려움과 함께 있을 수 있다는 것을 이해하게 될 것이다.

때로는 쉽게 미술 작업에 들어가기가 어려울 때도 있는데, 특히 가족미술치료 회기에 가족 중 내켜 하지 않는 어른이 있는 경우가 그렇다. 가족과 함께 한 방에 앉아 있는 일조차 드물었던 사람이 배우자나 자녀들과 함께 미술치료 첫 회기에 참여해 그림을 그려야 한다면 얼마나 불편할지 상상해 보라. 자신이 부모로서 더 취약하고 발가벗겨지는 것처럼 느껴질 가능성이 큰, 치료실이라는 낯선 장소에서 아이들과 함께 뭔가를 해야 하는 일이 불편한 것은 당연하다.

초기 만남에서 가족들과 함께 작업하는 접근법이나 기조는 개인 내담자와 작업할 때와 같다. 즉, 다른 사람에게 우리 자신에 대해서 뭔가 이야기할 때 그림을 활용하자는 것이다. *"당신이 누구인지를 말해 주는 이미지를 만들어 보세요!"*

가족 구성원들이 치료가 단순하고 안전한 경험이라는 것을 점차 이해하게 됨에 따라 방 안의 긴장감은 급속도로 사그라들기 시작한다. 내가 하는 모든 질문은 구성원들에 대해서 많이 알기 위한 것들이다. 문제가 있다는 것, 또는 그들이 치료실에 있고 싶어 하지 않는다는 사실은 이미 다 알고 있다. 또 접수 상담 과정을 거쳤기 때문에 문제점이 이미 많이 노출되었거나 그와 관련된 단편적 에피소드들이 어느 정도 드러나 있을 수 있다. 그럴 때는 앞으로 좀 돌아가서 이미지를 통해 '방 안에 누가 있는가'를 탐색해 보면 가족 모두가 그들이 누구이며, 누가 또는 무엇이 문제인지를 생각해 볼 기회를 갖게 된다.

우리 자신의 이미지를 공유하는 따뜻함과 내담자의 이미지에 대한 수용 없이 우리가 어떻게 그들이 치료에 대해서 안전하다고 느끼도록 도울 수 있겠는가? 나는 내담자들이 지닌 좋은 품성과 강점, 희망을 보거나 들을 수 있도록 그들과 얼마나 잘 소통할 수 있는가가 중요하다는 사실을 알게 되었다. 치료적인 관계에 놓인 내담자는 누구나 건강과 자기만족, 그리고 행복이 실현 가능하다는 믿음을 가질 필요가 있다. 치료사인 나 역시 그들에 대한 낙관적인 생각을 함께 공유할 필요가 있을 것이다. 즉, "모든 일이 다 좋아질 것."이라는 입에 발린 소리 말고 "인생을 더 좋게 느낄 수 있다."는 믿음 말이다.

> 내담자가 변화할 수 있는 능력을 가지고 있다는 믿음과 희망, 그리고 변화가 진정으로 일어날 것이라는 낙관적인 기대에 관해 함께 이야기 나누는 것이야말로 치료가 이루어지기 시작하는 단계의 가장 중요한 핵심이라고 할 수 있다. (Asay & Lambert, 1999, p. 46)

어떤 내담자들에게는 치료사가 그림을 보거나 이야기를 듣고 그들에게 무슨 일이 있었는지 또는 일이 잘되고 있는지 가늠할 수 있다는 사실이 매우 놀라운 모양이다. 이제 그들이 미술치료가 단지 병리적인 세포를 죽이는 일 이상이라는 점을 이해하게 되었으니 얼마나 안심이 되는지 모른다.

첫 회기가 끝날 무렵, 나는 내담자들에게 작품을 어떻게 다룰지에 대한 책임이 그들에게 있음을 알려 준다. 그림을 집에 가져갈 수도 있고 나에게 맡길 수도 있다. 만일 이미지가 혼돈스러울 때는 내가 사무실에 안전하게 보관하겠다고 제안하기도 한다. 또한 내가 아주 명쾌하게 "이것이 당신의 느낌 그 자체."라고 말하기 때문에, 내담자들은 미술치료의 경험이 매우 짧다고 하더라도 자신이 경험한 것은 무엇이든 다 유용하다는 사실을 알게 된다. 그들은 그 과정이 다음 주에도 매우 비슷할 것임을 예상할 수 있을 것이다.

나는 내담자들에게 무엇이든 주중에 만든 미술 작품이 있다면 다음 회기에 가져와도 좋다고 안내한다. 치료 작업은 상담 회기 중에만 이루어지는 것이 결코 아니다. 그래서 나는 내담자들에게 주중에 집에서도 감정 저널 같은 것에다 자신이 어떻게 느끼는지에 대한 이미지를 많이 그려 보도록 안내할 것이다. 때때로 아주 어린 내담자와 첫 회기를 마친 후에는 '걱정쟁이 인형'과 나무로 된 작은 빨래집게 뭉치가 든 가방을 집으로 보내서 주중에 걱정스러운 생각이 들면 그 내용을 그리거나 적어서 인형을 장식한 뒤 다음 회기에 가져오라고 한다.

관계는 이미 시작되었다. 낯선 두 사람이 앉아서 한 시간 동안 뭔가 미술 작업을 하고, 이미지와 그에 관련된 이야기를 통해 어떻게든 연결되다니, 이 얼마나 기묘하고 기적 같은 일인지 생각해 보라. '함께하는 여행'이 다시 시작된 것이다.

제2장

주요 이슈로 향하는 길 : 치료 계획 세우기

_ 인생 연대기 그리기, 자기 왕국 그리기, 수정 구슬 그리기

바바라의 첫 회기 기록을 살펴보다가 52년 동안 벌어진 질곡의 사건들이 언제 일어났나 하는 기본 정보만 있다는 사실을 깨달았다. 그녀가 슬픈 기억과 스트레스, 상실에 관하여 너무 많은 이야기를 했기 때문에 나는 도무지 어디서부터 시작해야 할지 감을 잡을 수가 없었다. 그녀 스스로 나와 함께 무엇을 탐색하고 싶은지 깊은 내면에서 알아차릴 것이라고 믿긴 했지만 사건들이 너무 흩어져 있었다. 우리 둘 다 이야기 안에서 가닥을 찾을 필요가 있었다. 나는 그런 시도의 하나로 '인생 연대기(timeline)'를 한번 그려 보자고 제안했다.

나는 내담자의 삶이 어떠했는지 정보를 더 많이 모으기 위해서 발달 과정을 큰 그림으로 조망할 수 있는 그림 연대기를 활용한다. 접수 상담

기록을 통해서도 새로 온 내담자에게 심리적 · 사회적으로 중요한 시기나 주요 이슈가 무엇인지 알 수 있긴 하다. 그러나 그림 연대기 작업에는 치료사로서 나열된 사건들 사이의 관련성을 읽을 수 있는 힘과, 행동 패턴 이면에 담긴 의미를 추적할 수 있는 능력이 포함되는 것 같다. 앞으로 인생의 퍼즐 조각을 어떻게 맞출 것인가에 대해서도 함께 의견을 나눌 것이다. 그러나 그보다는 내담자 스스로가 사건이나 기억, 또는 세월의 흐름을 어떻게 이해하고 시각화하는지에 좀 더 중점을 두려고 한다.

이미지를 그려 보도록 안내할 때, 중요한 기억이나 사건들 중에서 좋은 일을 선택할 것인지 나쁜 일을 선택할 것인지에 대한 결정은 전적으로 내담자의 몫이라는 점을 잊지 말아야 한다. 함께 작업해 보면 알게 되겠지만, 그림 연대기는 무궁무진한 기억의 창고 문을 열어젖힌다. 격심한 세월이나 엄청난 사건들과 함께했던, 활기차고 성공적이며 축하할 만한 일들 역시 밖으로 드러나게 될 것이다.

치료사가 내담자에게 이 작업을 제안하기 전에 먼저 자신의 그림 연대기를 그리는 체험을 해 보라고 권하고 싶다. 그림 연대기 작업을 할 때 내가 즐겨 사용하는 방법은 다음의 두 가지이다(그림 2.1).

- 4절 크기의 도화지를 가로로 반 접는다. 접힌 선을 따라 종이에 가로로 긴 선을 그린다. 자신의 인생이 시작된 한 지점을 나타내는 시작 날짜를 선택하고, 거기에 그날을 상징하는 이미지를 그린다. 태어난 날을 시작 날짜로 선택하는 사람들이 많다. 그러나 어떤 날이라도 상관없다. 연대기를 따라 자신이 원하는 어떤 이미지라도 계속

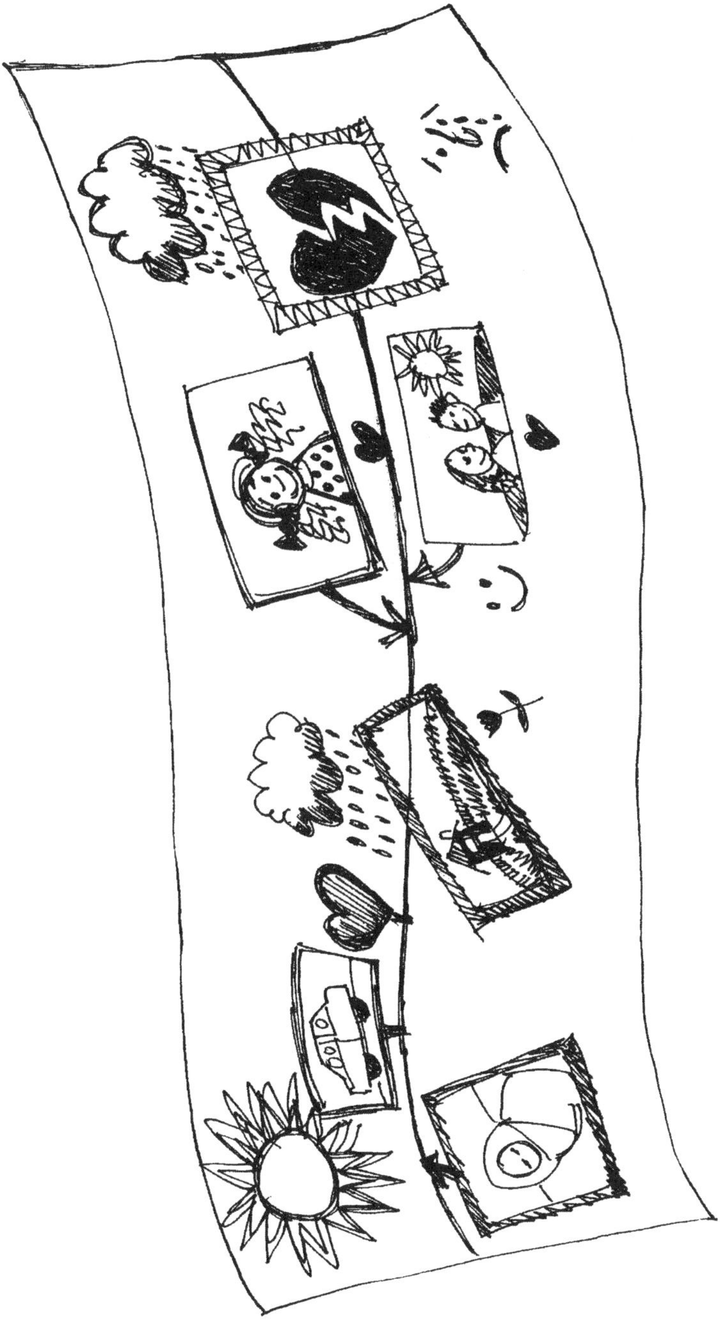

| 그림 2.1 | 그림 연대기

그려 나간다. 이때 사건이나 경험이 일어난 순서를 지키도록 노력한다. 작업을 마치고 나서 이미지마다 제목과 날짜를 적어도 좋다.

- 작은 종이에 중요한 사건이나 특별한 기억, 또는 시기별로 생각나는 이미지를 그린다. 작업이 끝나고 나면 그린 이미지들을 사건이 일어난 순서대로 긴 종이에 붙인다. 이미지에 대한 제목과 날짜를 적어도 좋다.

그림 연대기를 그리고 난 다음, 드러난 이미지에 대해서 반드시 설명하도록 할 필요는 없다. 아기 그림이 생일날을 가리키거나, 너덜너덜하게 찢어진 심장이 중요한 관계의 종결을 의미하는 것처럼, 이미지 자체가 너무나 분명할 때도 있기 때문이다. 그리고 이야기를 담고 있는 색과 선, 형태가 좀 더 추상적인 형태를 띠는 경우도 있다.

이 작업을 통해 특정한 시기에 어려움이나 스트레스 유발 사건이 아주 많았다는 사실을 인식하고 놀라는 내담자들도 있다. 삶에 너무나 많은 질곡이 있었다는 사실을 인식하는 순간, 치료가 꼭 필요한지 고민하던 망설임이 줄어들기도 한다. 그럴 때 내담자들은 이렇게 말한다. *"아, 내가 지칠 만했구나."*

좋은 관계나 기억, 행복했던 순간들이 시각적으로 드러남으로써 즐거운 충격을 주는 연대기도 있다. 그럴 때 나는 지지와 힘의 근원을 보게 되는 것 같다. 언어적인 질문을 통해서는 들을 수 없었던 것들이다. 사건이나 기억이 지나치게 많은 내담자의 경우에는 몇 회기에 걸쳐서 연대기 작업을 하기도 한다. 만일 연대기가 특별히 너무 슬프거나 전체적으로 보기 힘들다면 삶의 시기를 구획으로 나눈 뒤, 내담자로 하여금 어떤 부분에 관해서 이야기하고 싶은지 결정하도록 하는 것이 좋다.

연대기 작업을 가장 잘 활용할 만한 경우 중 하나는 가족치료를 할 때이다. 가족치료에서는 각 가족 구성원이 가족의 삶에 대한 저마다의 독특한 이해를 풀어 놓게 된다. 이때 연대기를 활용하면 가족 구성원들이 어떻게 삶을 이해하고 어떤 기억들을 가지고 있는지를 눈으로 볼 수 있다. 나는 모든 가족 구성원들로 하여금 하나의 연대기를 그리도록 하여 같은 미술 작업 과정을 경험하도록 하는 방법을 쓰고 있다. 다른 가족 미술치료 기법과 마찬가지로, 가족 구성원들이 서로 어떻게 관계를 맺는지, 누가 책임을 맡는지, 누가 저항하는지를 보는 일은 매우 흥미진진하다.

셜리 릴리(Shirley Riley)는 가족 미술치료에 관한 저서에서, 가족 구성원들이 함께 그림을 공유하는 작업에 어떤 방식으로 참여하는지 그들을 관찰하는 것은 매우 가치 있다고 언급한 바 있다(1994). 미술 작업하는 것을 관찰하면 가족 구성원들이 어떻게 처신하고, 재료를 어떻게 공유하며, 문제를 어떻게 해결하는지, 아주 가까이에서 더 잘 볼 수 있어서 좋다.

그리고 이미지를 보면서 가족의 역사에 대한 저마다의 시각적인 해석이 너무나 다양하다는 사실을 아주 쉽게 간파할 수 있다. 가족의 역사에서 무엇이 중요하고 특별한지 부모와 자녀들은 대부분 서로 다르게 생각한다. 부모들은 대부분 가족에게 특별하거나 좋았던 시간을 기억하고 싶어 하게 마련이다. 반면에 자녀들은 대부분 가족과 보낸 휴가나 공휴일을 열정적으로 강조하여 표현할 것이다.

부모에게는 하찮거나 말할 가치도 없어 보이는 스트레스 사건이나 불행한 일들이 자녀가 그린 연대기 안에서 가끔 큰 자리를 차지하기도 한다. 이때가 바로 가족 구성원들마다 사건으로 인한 충격이 감정적으로 얼마나 다르게 영향을 미치는지 탐색해 볼 수 있는 중요한 기회가 될 것이다.

로버트는 열네 살 소년으로, 자기 어머니가 학교에 대한 이미지를 그리는 것을 관심 있게 지켜보았다. 작업을 하면서 어머니는 초등학교 내내 아들인 로버트가 얼마나 자랑스러웠는지에 관해 말했다. 그러나 로버트는 어머니의 작업이 끝나기를 기다렸다가 어머니가 그린 학교 건물 주변에 폭우가 쏟아질 것 같은 잿빛 하늘을 그려 넣었다. 어머니는 로버트가 무엇을 하고 있는지 언뜻 이해할 수가 없어서 왜 그런 그림을 그리는지 물어보았다. 그러자 로버트는 자신이 학교에서 어떻게 지냈었는지 기억나는 대로 그녀에게 이야기했다. 그는 초등학교 시절 내내 친구를 어떻게 사귀어야 할지 걱정했으며, 온통 외로움으로 가득한 세월이었다고 기억했다.

로버트와 어머니, 그리고 새아버지가 치료를 시작한 것은 친구 문제를 포함해 로버트의 행동에 문제가 좀 있었기 때문이었다. 로버트가 초등학교 시절에 관해 이야기하다가 눈물을 왈칵 쏟자, 그를 바라보는 어머니의 표정이 한결 부드러워졌다. 이러한 나눔을 통해서 우리는 한동안 사랑을 표현해 본 적이 없는 가족 사이에서 일어나는 사랑과 공감의 증거를 목격할 수 있었다.

개인과 작업하든 가족과 작업하든 간에, 나는 연대기가 함께 작업하는 동안 계획한 방향대로 움직이도록 우리를 돕는다는 믿음을 갖게 되었다. 그래서 그런지 나는 내담자들이 연대기 이후의 단계나 '미래' 부분에 대하여 어떻게 상상하고 그림을 그리는지에 특히 더 주목하게 된다. 그림을 집으로 가져가서 생각해 보고 이미지를 덧붙여 보라고 제안할 때도 있다. 내담자들이 삶을 어떻게 바라보고 싶은지, 그리고 앞으로 어떤 일이 일어나는 것을 보고 싶은지, 그 이미지를 그려 보라고 격려하는 일이 나는 참 좋다.

연대기의 미래 부분에 어떤 이미지가 나타나면 좋고 어떤 것이 나타나지 말아야 할지 특별한 규칙은 없다. 오히려 미래의 가능성에 대한 경우의 수가 다양할수록 도움이 된다. 내담자들이 상상한 것을 보면 그 미래가 얼마나 총천연색인지 모른다. 솔직히 말해서 미래에 대한 긍정적인 이미지가 보이지 않을 때도 물론 있다. 가능성을 향해 열리지 않은 빈 공간은 비탄에 빠진 황무지와 같다. 그럴 때 치료실 안에는 지독한 침묵만이 흐를 뿐이다.

바버라는 처음 치료를 시작하기로 결심했을 때만 해도 현재의 문제에 짓눌려서 자신의 미래가 어떨지에 대해 아무 그림도 그릴 수가 없었다. 연대기를 함께 관찰해 보다가 그녀는 그림으로만 봐도 지난 과거의 세월이 얼마나 뒤죽박죽이었는지 알겠다고 말했다. 그녀는 이미지 안에서 보고 싶은 것들을 간단히 선택하기만 해도 앞으로 우리의 치료 작업을 통해서 자신이 나아가야 할 방향을 결정하는 데 도움이 될 것임을 이해하게 되었고, 그 선택을 하기로 결심했다. 그래서 우리는 어떻게 하면 이미지를 더 시각적으로 호소력 있게 만들 것인지 이야기를 나누었다.

로버트와 어머니, 그리고 새아버지는 연대기에서 '미래' 부분이 어떠했으면 좋을지 딱히 떠오르는 생각이 있는 것은 아니지만, 보고 싶지 않은 것이 무엇인지에 대해서는 알고 있었다. 모두들 더 이상 경찰을 불러야 할 만큼 분노를 심하게 표출하는 광경을 보고 싶지 않다는 데에는 동의했다. 그렇게 우리는 어떻게 치료 작업을 함께 할 것인지에 대한 청사진을 가지고 치료를 시작할 수 있었다.

가족을 대상으로 하는 치료 작업의 시작 단계에서 내가 즐겨 활용하는 것으로 '왕국' 작업이 있다. 이 체험적인 작업은 리브만의 '자신의 영토' 작업을 기본으로 한 것이다(Liebmann, 1986). 두루마리 종이를 펴서 테이블을 충분히 덮을 만한 크기로 자른 다음, 검은 매직을 가지고 한 사람당 한 구획씩 종이를 분할한다. 그리고 가족들에게 각자가 왕국을 소유하게 되며, 그곳에 원하는 것을 무엇이든 그릴 수 있다고 말해준다. 나는 다양한 그림 재료를 구비하고 있다. 가족 모두가 자신의 이미지를 완성하고 나면, 마지막으로 그들에게 남은 시간을 알려 주고 왕국 사이를 어떻게 연결하고 싶은지 원하는 대로 할 수 있다고 말한다. 이러한 미술 체험의 결과는 치료사인 나 자신이나 참여한 가족들에게 아주 의미심장하기 때문에 나는 그것을 볼 수 있도록 거의 모든 가족들에게 이 작업을 제안한다.

수년간 나는 이 작업을 하면서 왕국의 경계선 안에 흥미롭고 다양한 방어벽들이 출현하는 것을 볼 수 있었다. 부모와 아들 셋이 함께 온 가족이 있었는데, 그들이 그린 이미지는 특히 극적이었다. 아이들 중에 나란히 앉아 있던 두 명이 매우 방어적인 구조물을 그렸는데, 서로의 땅 사이에 있는 경계선을 철저하게 구축하고 있었다. 그 경계선은 커다란 벽돌담이었다. 한 아이가 그린 담 한쪽 위로는 가시철망이 둘러쳐져 있었고, 다른 한쪽 편에는 심술궂은 표정의 문지기들이 경계선 앞에서 총구를 겨누고 서 있었다. 다른 아이도 용이 지키는 해자(垓子)로 둘러싸인 튼튼한 성을 그렸다. 탁자의 건너편에 있던 어머니는 푸른 잔디와 꽃들에 둘러싸인 작은 오두막이 있고 동물들이 햇살 아래서 행복하게 노닐고 있는 전원적인 풍경을 그렸다. 그녀 옆에 앉은 아버지는 자신이 호수 한가운데서 배를 타고 있는 장면을 그렸다. 그 옆에 앉아 있던 막내아들은 비디오 가게를 휘황찬란하게 꾸몄는데, 가족들이 쉽게 찾아올 수 있도록 가게 안으로 들어가고 나오는 길과 도로를 많이 그려 넣었다. 내가 마지막으로 다른 땅과 연결할지 말지를 선택할 수 있다고 말했을 때, 그림에 한 번 더 손을 댄 사람은 막내아들뿐이었다.

왕국 이미지에는 매우 가치 있는 정보가 더 많이 들어 있다. 가족 내의 경계에 주목해 보면 이 작업의 유용성을 확실히 알게 된다. 나는 가족 안에서 누가 경계를 강화하는지, 누가 경계를 무시하고 다른 사람의 공간에 그림을 그리는지, 또는 누가 통로나 공유 공간에 대해서 협상하려고 시도하는지 등에 관심이 많다.

나는 두 아들의 왕국 사이에 자리한 강력한 방어벽이 걱정스러워서 가족들에게 몇 가지 질문을 하였다. 집에서 밤에 아이들의 안전이 위협받고 있는 것은 아닌지 걱정이 되었기 때문이다. 이 이미지를 통해서 몇 가지 다른 문제점들도 드러났다. 막내아들이 가족 구성원들과 연결해 보려고 안간힘을 쓰고 있고, 아버지가 전적으로 접근이 차단되어 있으며, 어머니는 '모든 것이 좋다'며 뒤로 물러나 있었다. 막내아들을 제외하고는 이 가족 중에서 어느 누구도 시각적으로나 언어적으로 함께 소통하는 데 관심을 보이지 않고 있었다. 이야깃거리가 많았던 그 회기 덕분에 우리는 함께 작업 계획을 발전시켜 나갈 수 있었다.

때로는 치료 초기에 계획에 관하여 작업을 하려는 시도 자체가 시기상조가 아닌가 생각될 때도 있다. 그러나 알선 기관의 정책이나 승인 기관의 지침, 보험 회사 등 외부적인 요인들이 결정에 큰 영향을 미칠 때는 계획 수립을 급하게 서두를 필요도 있긴 하다. 그리고 내담자들도 다양한 이유로 '치료가 얼마나 걸릴까?' 하는 걱정을 많이 했다. 몇 회기를 할 것이라고 미리 예견하는 것을 좋아하진 않지만 그래도 내담자들의 걱정을 이해하기 때문에, 나는 함께 작업하다가 언제 끝날지 우리가 어떻게 알아차릴 수 있는지에 관하여 이야기할 기회를 갖기도 한다. 다시금 이미지로 되돌아가서 우리의 작업이 끝났을 때 이 이미지가 어떻게 보였으면 좋겠는지 묻는다. "인생이 어떻게 보입니까?"

그동안 몇 년간 집으로 방문하여 미술치료를 하는 두 팀을 임상감독했는데, 이를 통해서 나는 내담자가 치료사와 치료 계획을 세우는 데 참여하는 것이 매우 유용하다는 사실을 깊이 이해하게 되었다. 대부분의 치료사들은 사회복지사라는 배경을 가지고 있는데 사회복지적인 차원에서 삶을 바라보는 방식에는 잠재력이 많은 것 같다. 그중의 하나가 치료의 틀 안에서 무슨 일이 일어날 필요가 있는지를 말로 분명하게 하는 능력이다. 치료 팀이 사용한 전형적인 질문 중의 하나는 '요술 지팡이'

질문이었다. 질문하는 방법은 천차만별이지만 그 신뢰성은 많은 저서에서 찾아볼 수 있다(Homrich & Horne, 2000). 질문에는 "요술 지팡이가 있어서 문제를 해결해 준다면 인생이 어떻게 보일 것 같습니까?"와 같은 것도 있을 수 있다.

그런 질문을 내 식의 치료 방법으로 녹여 낸 것이 '수정 구슬' 기법이다. 미술치료 초기 단계라면 내담자가 미술 작업 과정을 편안하게 느낄 수 있도록 돕는 일에 은근히 관심을 두어야 한다. 원 모양을 활용하면 이미지를 담아 두기에 안전하고 만족스러운 느낌이 들어서 좋다. 그래

| 그림 2.2 | 수정 구슬

서 종이에 큰 원을 그리고, 그 원을 받침대 위에 받쳐 놓은 것처럼 그려서 수정 구슬(그림 2.2)처럼 보이게 한다. 그리고 어떤 미술 재료든 이용하여 자신의 인생이 어떻게 보였으면 좋겠는지 이미지를 만들도록 내담자를 격려한다.

열여섯 살인 메건은 수정 구슬 안에 밝은 색으로 꽃과 소용돌이의 이미지를 만들면서 행복해지기를 정말 간절히 원한다고 말했다. 그녀가 행복한지 우리가 어떻게 알 수 있느냐고 물었더니, 그녀는 내 질문이 어리석다는 듯이 야릇한 표정을 지었다. 나는 재차 "어휴, 정말이야. 궁금해. 네가 행복해졌는지 내가 어떻게 알 수 있을까?" 하고 물었다. 그러자 그녀는 덜 울기, 배구 다시 하기, 친구들과 쇼핑하러 가기 등의 목록을 떠올렸다. 그리고 마침내 그녀는 자신의 총천연색 수정 구슬에 표현된 가녀린 희망이 진정으로 의미하는 바가 무엇인지 분명히 알게 되었다. 그것은 그녀 자신이 미래에 바라는 '행복'이 이루어지도록 결정할 수 있는 유일한 사람이라는 사실이었다.

미술 작품과 함께 우리는 "만약에 …했더라면?"이라는 질문을 생각해 보고 시각화하는 기회를 갖는다. 여동생과 잘 지냈거나, 원하던 저녁 강좌를 들었거나, 또는 다시 운전해서 다리를 건널 수 있었다면 어떻게 되었을까?

어린 내담자와 초기에 서로를 알아 가는 작업을 할 때는 말 그대로 그들이 소망하는 일을 직접 '입어 보자'고 한다. 꼬마 캐리는 걱정을 많이 하고 그럴 때면 배가 꼬이는 증상을 호소하였다. 그래서 나는 캐리에게 상상력을 이용해 보자고 제안하고, 종이 쇼핑백(Terzian, 1993)을 조끼 모

| 그림 2.3 | 종이 조끼

양으로 오려서 걱정하지 않을 수 있다면 무엇을 하고 싶은지 여러 가지 재료로 꾸며 보자고 했다(그림 2.3).

캐리는 밝은 반짝이와 단추, 그리고 공원에서 재미있게 노는 아이들 그림으로 조끼를 장식했다. 완성 후 조끼를 입은 캐리는 곧바로 화장실로 달려가 거울로 자신의 작품을 입은 모습을 보았다. 그러고 난 뒤 캐리는 대기실로 쏜살같이 달려 나가 엄마 앞에서 빙글빙글 돌며 패션쇼를 했다. 엄마는 놀란 표정이 역력했다.

캐리와 조끼에 대해 이야기를 나누면서 아이가 경험적으로 명랑한 감정을 '입을 수' 있는 능력을 이미 지니고 있었다는 사실이 더욱 분명해졌다. 이 미술 작품을 통해서 좋은 정보를 많이 얻을 수 있었다. 우리는 캐리의 몸 어디에 캐리가 경험한 즐거움이나 행복이 들어 있는지에 관하여 이야기를 나누었다. 그 후 몇 달에 걸쳐서 우리는 삶의 어떤 부분이 즐거움을 만들어 내는지, 그리고 어떤 부분이 캐리의 배를 옥죄게 하는지 밝히는 작업을 열심히 해 나갔다.

또한 이 조끼 장식 기법은 어린 내담자들이 더 재미있는 방법으로 자신에 대하여 뭔가를 보여 주도록 돕고 싶을 때 특히 유용하다. 만일 접수 상담에서 어린 내담자나 부모와 이야기를 나누고 서류를 작성하는 데 너무 시간을 많이 보냈을 경우, 나는 아이가 집으로 돌아갈 때 종이 조끼를 들려 보낸다. 그리고 자신에 대하여 말하고 싶은 것들로 장식을 해서 다음 주에 가져오라고 제안한다.

여섯 살배기 앤디는 사탕 포장지와 스케이트보더 잡지에서 오려 낸 사진들을 가지고 조끼를 장식해서 그다음 주에 가져왔다. 앤디는 스케이트보드를 어떻게 타야 하는지는 몰랐지만, 다른 수양부모 집에 있는 형이 보고 싶었던 것이다. 그리고 앤디는 무엇보다도 자신이 어떤 사탕을 제일 좋아하는지 나에게 명확히 알려 주는 데 이 작업이 도움이 되었다고 확신하고 있었다. 사탕 포장지와 잡지 사진 사이에서 나는 새로운 내담자가 누구인지 알려 주는 작은 창문을 발견했다.

제3장

저항적인 내담자 수용하기

_ 만다라 그리기, 가족 보드게임 만들기, 내면 · 외면 상자 만들기

나 역시 저항적인 내담자였다. 저항 정도를 심한 순서로 1등급부터 10등급까지로 했을 때, 등급을 반드시 매겨야 한다면 나는 거의 2등급에 가까운 수준이었다. 그래서 나는 치료실이 머물기에 얼마나 망설여지는 곳인지 개인적으로 십분 이해한다. 치료의 길이 나를 인도하려고 하는 미래에 대하여 나는 무의식적인 두려움을 가지고 있었다. 이제 막 엄청난 변화 속으로 들어서기 직전이라는 것을 마음 깊이 알아채고 있었기 때문이다.

나의 치료사였던 수잔은 첫 회기에서, 인생에 예외적인 일들이 벌어지고는 있지만 과연 내가 치료실에 있을 필요가 있는지 확신할 수가 없다고 말할 수 있는 여유를 주었다. 당시 나는 아이가 셋 딸린 엄마로서

이혼을 신중하게 고려 중이었으며, 일도 세 가지나 하고 있는 상태였다. 잠도 제대로 잘 수가 없었고, 차에 혼자 있게 되면 늘 울고 있는 나 자신을 발견했다.

치료를 받게 되면 치료실에서 매주 한 시간씩을 온전히 나 자신을 위해 쓸 수 있다는 점이 내가 저항적인 태도에서 벗어나 치료를 받아야겠다고 결심하게 된 중요한 열쇠였다. 이 사실을 인정한 것이 나에게 도움이 된 것 같다. 나도 이러했으니 다른 내담자들이 치료적인 과정에 더 저항적일 것은 당연한 일이다. 나는 그동안 내담자와의 작업에서 다음과 같은 세 가지 유형의 저항적인 내담자들과 만났다.

첫 번째 유형은 치료에서 해야 하는 작업이 얼마나 힘들지를 내면적으로 인식하거나, 치료의 길이 자신을 어디로 이끌 것인지를 예상해 봤기 때문에 저항하는 사람들이다. 이런 내담자들은 치료 작업을 하는 데 잠재적인 대가를 치러야 한다는 것을 알고 있다. 따라서 저항에 대한 그럴듯한 핑계를 댄다. "내 문제? 이것을 문제로 보지 않으면 저절로 사라질 거예요."

때로는 문제와 직면했을 때 그러한 걱정이 두통이나 공황 상태, 또는 소화불량이나 성기능 장애, 불면증 등으로 나타나면서 신체적으로 거부하는 내담자들도 있다.

그래서 그런 내담자는 치료에 오기로 마음먹기는 하지만, 치료사와 치료실에 앉아 있는 동안에 치료를 받지 않기로 결심이 서면 떠나려는 '탈출 계획'을 마음에 품고 앉아 있다. 그럴 때 치료사는 내담자의 양가감정에 대하여 여유 공간을 주면서도 어느 정도 내담자와 친해져야 하는 어려움에 봉착하게 된다. 이런 순간에 적당한 미술치료 작업이 있다.

내담자에게 스테이크 담는 접시 크기의 만다라나 원이 그려진 흰 종이를 준다. 그리고 여러 가지 다양한 색연필과 파스텔, 매직 등을 준 다음, "원 안에는 이번 주에 당신의 머릿속에서 일어난 일을 무엇이든 그리고, 원 바깥에는 직장이나 학교, 집 등 당신 주변에서 일어난 일을 무엇이든 그리세요."라고 제안한다.

이 작업은 내가 가장 좋아하는 미술치료 기법으로, 특히 어떤 문제를 가지고 너무 집착하거나 생각에만 머물러 있다는 것을 깨달았을 때 크게 도움이 된다. 원은 이미지를 담는 그릇 역할을 한다. 그리고 이미지는 내면에서 어떤 일이 벌어지고 있는지를 정확히 보여 주며, 시각적으로 만들어진 생각과 관련된 어떠한 감정과도 연결될 수 있는 기회를 준다.

내담자 중에는 이미지 안팎을 글씨로 다 채우는 경우도 종종 있다. 사업가이자 두 아이의 엄마인 다이안은 처음에 집어 든 색연필을 이용해 글만으로 원 전체를 채워 넣었다. 글은 그녀가 해야 할 일과 가야 할 곳에 관한 것이었다. 그 뒤 그녀는 원 바깥을 빙 돌아가며 책임감에 관한 글들을 덧붙였다. 몇 글자가 원의 경계를 넘어서기 시작했다. 그러자 그녀는 매우 짜증이 난 듯 보였다. 그녀는 고개를 들고 말했다. "너무 많이 써서 그런가 봐요." 나는 조용히 대답했다. "이번 주에 당신이 너무나 많은 일을 했던 것과 닮았네요." 그녀는 파스텔을 원에 대고 문지르다가 갑자기 울기 시작했다. 이제 그녀는 계속 미술치료를 할 수 있게 되었다. 그녀는 미술을 통해서 지금 이 순간 자신이 삶을 어떻게 느끼고 있는지와 즉각적으로 연결될 수 있었기 때문이다.

이러한 미술 체험을 살펴보기에 적당한 몇 가지 흥미로운 관점에는 다음과 같은 것들이 있다.

- **원의 경계선** : 경계선이 유지되고 있는가, 아니면 이미지나 현안이 한쪽에서 다른 쪽으로 넘어갔는가? 경계선이나 원의 실선을 더 진하게 만들었는가?
- **사용된 색상, 선의 속성, 내용** : 어떤 선이 어떻게 그려졌는가?
- **위치** : 무엇이 대부분의 공간을 차지하고 있는가? 중앙에 무엇이 있는가? 내담자의 분리나 포획의 이슈와 관련하여 선으로 원을 분할했는가?
- **이미지에 대한 내담자의 반응** : 내담자가 이미지에 대하여 이야기를 많이 하는가? 이미지 안에서 이루어지고 있는 모든 것들을 기꺼이 탐색해 보고 싶어 하는가? 그저 그것과 함께 앉아 있기만을 바라는가, 아니면 재빨리 옆으로 치워 버리려고 하는가?

만다라의 안팎에 어떤 이미지나 글이 출현하는가를 목격함으로써 내담자는 치료적인 여행을 계속하고 싶다는 생각을 하게 되고, 나 역시 그 생각을 들을 기회를 많이 갖게 되는 것 같다. 내담자는 이미지를 잘 살펴보고 어떤 문제를 우선적으로 다룰 것인지 선택하게 된다. 이제 그들은 자기 자신에게, 또는 치료사인 나에게 내면의 폭풍 속을 걷는 일이 얼마나 힘든지 이야기할 기회를 갖게 된다. 그리고 아마도 지금이 그것을 다룰 적절한 시점일 것이다.

두 번째 저항 유형은 치료에 오긴 하는데 자발적으로 오지 않는 사람들의 경우이다. 치료가 주변 사람의 의견이기 때문이다. 나는 이런 내담자들에게 깊이 공감한다. 배우자나 부모님에 의해 '끌려온다'고 상상해 보라. 타인의 의도가 아무리 훌륭하다고 하더라도 내담자는 원하지 않는 곳에 와 있으며, 그들의 걱정도 여전히 자리하고 있지 않은가!

이런 상황은 마지못해 끌려온 아동이나 청소년의 경우에 가장 빈번하게 볼 수 있다. 심지어는 자녀가 잘되도록 하려는 부모의 과도한 노력으로 인해서 치료를 강요당하는 아이도 종종 있다. 그런 아이라면 치료실에서 얼마나 비협조적일지 상상이 될 것이다.

마침내 부모님이 방에서 나가고 나면, 내담자가 아동인 경우 나는 즉시 미술 재료를 주고 "뭐 좀 해 볼래?"라고 묻는다. 만일 아동이 아니라고 말하거나 대답 없이 앉아 있으면, 나는 아랑곳하지 않고 혼자서 뭔가 미술 작업을 시작한다. 그러면 거의 대부분의 아동들은 내가 그린 이상한 그림이나 찰흙으로 만든 똥 모양에 호기심이 발동한다. 물론 나는 색을 골라 달라거나 그다음에 무엇을 그릴까 묻기도 한다. 내가 미술 작업하는 것을 즐기고, 미술로 무엇을 만들어도 좋다는 것을 보여 주면, 내담자에게 너무나 끔찍하게 느껴지던 치료가 점차 재미있는 것으로 변화될 수 있다고 분명히 확신한다.

버지니아 사티어(Virginia Satir)는 치료 관계에서 치료사와 내담자 간의 인간적인 교류에 관하여 신뢰감을 가진 사람으로 유명하다(Satir & Baldwin, 1983). 이런 관계는 위험 부담이 있기는 하지만 저항적인 내담자에게 치료적인 과정에 참여하도록 권유해야 할 때 특히 중요하다. 때로는 자만심이나 상투성에서 빠져나와 '당신과 내가 지금 이 순간 이 방에서 한 배를 탔다'는 현실로 옮겨 가는 것은 치료사인 나 자신이 그 시간을 명료화하는 데 매우 도움이 된다.

만일 저항적인 내담자가 청소년이라면 때로는 관찰한 것을 솔직하게 말해도 좋다. "여기 와야 되다니 빌어먹을 일이다, 그치?" 내담자와 나는 그가 왜 여기 와야 하는지에 대해서 부모님이 한 말은 확실히 들어서 알고 있다. 그러나 나는 내담자가 왜 치료실에 왔는지 그 이유를 어떻게 이해하고 있는가에 더 관심이 있다. 어떤 저항적인 내담자는 "그 썩을 인간이 날 끌고 왔어요."라고 대답할 수도 있다. 그럴 때는 그저 "그래… 지금 상황이 좀 힘들다는 말이구나!"라고 공감하며 미술 재료를 꺼낸다.

어떤 때는 치료 중에 나만 파스텔을 가지고 놀 때도 있다. 그러나 내담자가 내면적인 불안을 잠재우는 동안 그저 재료 중에 하나를 손에 쥐고 있다면, 그녀는 결국 미술 재료를 가지고 뭔가 하게 될 것이다.

저항적인 내담자의 세 번째 유형은 법원이 보내서 치료를 받게 되는 경우이다. 내가 좋아하게 된 가족들도 처음에는 아주 비자발적인 내담자로 시작했다. 거의 모든 경우에 이런 가족들은 대부분 참여 자체가 어렵다. 집에서 자녀들 중에 한 명을 돌봐야 하는 경우가 종종 있기 때문이다. 문제가 너무 커서 온갖 종류의 것들을 다 거치고 나서야 지쳐서 일종의 마지막 수단으로 가족치료에 참가하는 경우도 있다. 이런 가족들은 말하는 것도 싫어하고 전문가가 자신들의 인생에 끼어드는 것도 탐탁해하지 않는다.

미술 작업을 제안하여, 문제에 대해 말로 하는 치료 과정을 가족 간의 역동을 경험적으로 탐색하도록 전환시키는 일은 매우 어렵다. 이런 가족은 대부분 아주 그럴싸한 이유를 들어 함께 미술 작업하는 것을 꺼린다. 이러한 관점에서 가족의 삶을 살펴보면, 재미있는 놀이를 구상해서 놀아 본 경험이 없음은 물론이고 저녁 식사를 함께 하는 것조차 흔한 일이 아닐 수도 있다. 그들은 오랫동안 함께 놀아 본 기억이 없는 것이다. 이것이 바로 내가 저항적인 내담자들, 특히 가족들에게 가족 게임을 하자고 제안하는 이유이다(그림 3.1).

가족에게 빈 게임 판을 준다. 게임 판에는 시작과 끝은 있지만 사각형의 빈 공간(말판)들이 꼬이고 휘어지면서 이어져 있다. 가족에게 이 빈 말판에 이미지와 방향을 그려서 채워 넣도록 한다. 말판 안이나 바깥의 이미지는 가족의 삶이나 역사와 관련된 것이어야만 한다. 그 이상의 규칙은 없다.

가족에게 게임 판을 만들도록 제안하기 전에 먼저 치료사가 게임 판을 만들어 보는 것이 좋다. 당신에게 "앞으로 한 칸 갈까요?"라고 물어볼 수 있게 능력을 준 기쁜 순간은 언제였는가? 기력을 잃었던 어려운 세월도 있었는가? 게임의 끝이 어떨 것 같은가? 무엇이 성공에 영향을 미치는가?

다음 회기에는 함께 게임을 하게 된다. 말판의 상징들은 각 가족 구성원들이 말판 위에서 움직여 다니기 위해 그린 그림으로, 게임 과정을 통해 그 의미가 좀 더 명확히 드러날 것이다. 누군가 주사위를 던지고 앞으로 나아가려면 도착한 칸이 무엇이든 그것에 대하여 이야기를 나눌

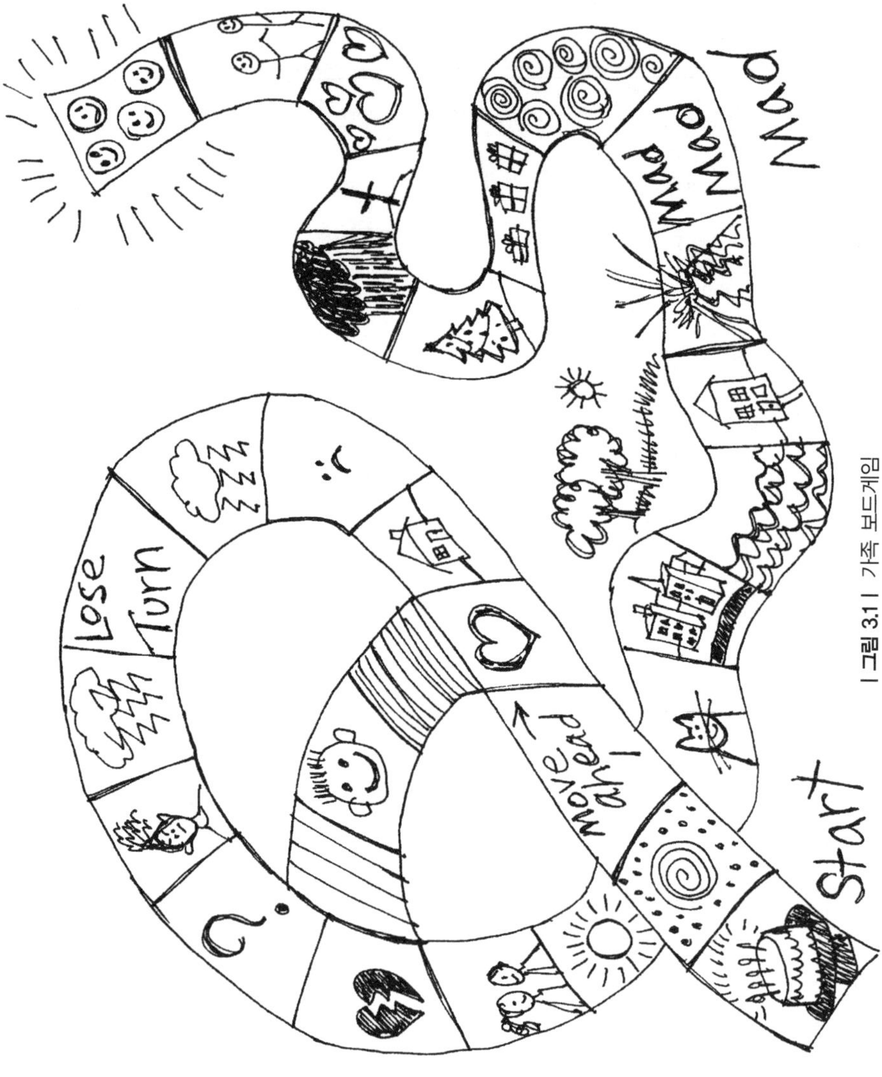

| 그림 3.1 | 가족 보드게임

필요가 있다. 다른 가족이 자신이 그린 가족의 삶에 대하여 더 자세히 설명해야 할 필요가 있을 때도 있다. 점차 모두들 다른 가족 구성원들과 관계를 맺기가 쉬워지게 된다.

믿기지 않겠지만, 법원의 명령을 받은 치료의 경우 나는 저항적인 내담자 한 명보다는 저항적인 가족과 함께 작업하는 것이 더 견딜 만하다. 가족 전체를 치료하다 보면 누군가 한 명이 다른 가족의 참다운 삶에 관해 진정으로 걱정해 주는 기회가 생기는 것을 보게 된다. "날 위해서 치료받고 싶지는 않지만 짐이 도움을 받을 수 있도록 기꺼이 협조해야지."라는 감각이 종종 생긴다.

치료실의 분위기를 비교해 보면, 성인 개인이 법원의 명령을 받아서 오게 되는 경우와 가족이 함께하는 경우가 무척 다르다. 그런 순간들을 통해서 나는 치료에 참여할지에 대하여 허심탄회하게 대화를 나누는 일이 정말 도움이 된다는 것을 알게 되었다. 나는 그들의 상황에 대하여 공감하려고 노력한다. 동시에 그들이 참여할 때만이 내가 치료에 대해서 책임을 질 수 있다는 점 역시 분명히 한다.

나는 내담자들이 가능성에 대해 열린 마음을 가지고 참여 여부를 선택하도록 격려하는데, 이렇게 하면 사실상 여러 가지로 도움이 된다. 그리고 나 역시 누구든 치료에 참여하려고 하는 것에 대해 수용할지 또는 거부할지 물어본다면 아주 솔직하게 답할 것이라고 말한다. 또한 내담자의 문제에 대해서도 명확하지만 조심스럽게 설명할 것이다. 나는 늘 저항적인 내담자들을 여느 내담자들과 마찬가지로 존중하고 정성스럽게 대한다.

이런 내담자들과 할 수 있는 미술 작업과 관련해서 볼 때 '내면 · 외면 상자' 작업은 매우 유용한 체험이 될 것이다. 이것은 자주 활용되는 기법 중의 하나로 매우 다양한 상황에 변용되어 적용되고 있다. 솔직히 이 작업을 누가 처음으로 개발했는지는 잘 모르겠다. 그러나 이 작업이 저항적인 내담자든 아니든 모두에게 강력하고 의미 있는 과정이라는 사실은 안다.

내담자에게 뚜껑이 있는 작은 상자를 주고 상자의 바깥에 자신이 누구인지 남에게 보이는 이미지를 찾아서 꾸미도록 한다. 그리고 상자 안에는 자신이 누구인지, 그리고 무엇을 느끼고 있는지와 관련된 이미지를 찾아서 꾸미도록 한다. 상자 안의 이미지는 타인과 공유하고 싶지 않은 자기 자신에 관한 것이다. 나는 나에게 상자를 열어 보여 줄 필요가 없다는 것을 강조한다. 치료 중에 자기 자신에 대한 것을 공유할지에 대한 선택은 전적으로 내담자의 몫이다. 이 과정은 내담자들이 힘을 가지고 있으며 이러한 관계에서 선택할 수 있음을 체험을 통해 아는 데 도움이 된다. 힘이나 선택의 정도는 미미하더라도 그런 생각을 가지는 것 자체가 저항적인 내담자들에게는 특별히 중요할 것이다.

저항적인 내담자를 묘사할 때, 나는 의식적으로 '저항'이라는 단어의 사용을 피한다. 이 단어는 정신건강 관련 면에서 볼 때 매우 강력한 의미를 지니고 부정적으로 비춰질 가능성도 많기 때문이다. 전적으로 모든 것을 부정하는 진짜 저항은 본 적이 없다. 나는 저항을 다차원적인 개념으로 평가하는 보하트와 톨먼의 의견에 동의한다.

그들은 "저항적인 내담자들의 경우 주도성(proactivity)이 강하다."고 말한다(Bohart & Tallman, 1999, p. 260). 그들에 의하면 내담자들은 자신의 관점 또는 문제에 대해 자기식의 이해를 통해서 주어진 문제를 해결해 보려고 하며, 문제를 해결하기 위해 누군가에게 기대야 할 이유가 많다는 것은 그들의 유대나 관계, 그리고 자신의 사적인 세계를 이해하는 데 매우 위협적이라고 믿는다(Bohart & Tallman, 1999).

나로서는 항상 내담자 쪽의 저항이 논리적인 반응으로 보인다. 나는 저항적인 내담자들이 치료적인 과정에서 전진하거나 후퇴하는 방법을 발전시키면 유용한 반응으로 이어진다고 믿는다. 그리고 그 반응이야말로 치료적인 과정의 목적에 부합되는 것으로 치료사에 의해 존중받을 수 있다. 만일 치료사가 자신의 의도나 기대에 대하여 솔직할 수 있다면 말이다.

치료사로서 내담자를 제대로 보고 충분히 옆에 있어 주며 대답을 제대로 알아들을 수 있을지 두려워하는 것에 대하여 나 스스로 솔직할 때, 내담자가 이미 해답을 가지고 있다는 사실을 더 잘 떠올리게 되는 것 같다. 내담자는 이미 자신의 문제나 관계에 대한 답을 알고 있다. 저항적이어서 공유하려 들지 않을 뿐이다. 그 답은 이미 만다라 안에, 가족 게임 중에 "행복한 얼굴은 두 칸 앞으로."라는 열 살 먹은 어린아이의 이야기 속에도 이미 드러나 있다.

제4장

환영!
방문 미술치료

문이 열리기 전에 안에서 마리아가 오빠에게 소리 지르는 것을 들을 수 있었다. 그러나 문을 열자 마리아는 나에게 들어오라는 손짓을 하면서 마치 작은 천사처럼 다정하게 웃었다. "타이니, 앉아." 그 집의 애완견 타이니는 인사하고 싶었는지 털복숭이에 침을 질질 흘리는 큰 얼굴로 어그적어그적 걸어와 크게 짖으며 내 앞에 바로 누워 버렸다. 나는 여기저기 발 디딜 틈 없이 널린 장난감 사이를 헤집고 소파로 가서 앉았다. 마리아의 어머니와 오빠는 저녁 설거지 당번이 누구인지 싸우며 거실로 들어왔다. 위층에서는 옆집 꼬마가 다트 놀이를 하고 있었는데, 타이니가 그 애를 보고 엄청나게 짖어 댔다. 악몽이 아니라면 내가 이런 방식으로 치료를 하게 되다니 상상이나 했겠는가!

그러나 치료 방식의 하나 중 집으로 찾아가는 방문치료가 여러 지역에서 점차 급성장하고 있는 것 같다. 비영리 단체와 지역 건강지원센터, 그리고 가족 보전 영역에서 일하는 치료 전문가들 모두 정신건강 서비스를 말 그대로 '현관까지 배달'하는 데 흥미를 보이고 있다. 물론 어느 정도는 강제적인 요인이 있기도 하다. 그러나 가족치료를 할 때, 나는 특히 모든 가족 구성원들이 참여하도록 촉진할 수 있다면 어떤 방법이든 관심을 갖는 것이 좋다고 생각한다.

사실 가족들이 모두 치료에 참여하는 데는 장벽이 너무나 많다. 교통수단이 마땅치 않거나, 아이를 돌봐 줄 사람을 구할 여유가 없는 경우, 질병이나 장애로 집 밖을 나서기 어려운 경우 등이 허다하다. 무엇보다도 가족 전체가 일정을 맞추는 일이 쉽지 않다. 어떤 지역에서는 정신건강 종사자를 쉽게 만날 수가 없어서 치료를 받을 수 있는 지역이나 공동체로 가기 위해 내담자가 교통비를 과도하게 지출해야 하는 경우도 있다. 단순히 자녀가 치료를 받는 데 별로 힘을 쏟지 않는 부모들도 있다. 또한 치료사가 직접 주거 환경을 관찰하는 것이 도움이 되는 상황들도 있다. 이처럼 치료사가 일주일에 한 시간씩 내담자의 거실에서 치료 작업을 하며 시간을 보내야 하는 이유는 매우 광범위하다.

방문치료는 내담자들에게 편리한 방법이긴 하지만, 그렇다고 해서 내담자들이 항상 이 방식을 원한다고 할 수는 없다. 만일 방문치료가 비자발적으로 이루어진다면 가족들은 치료를 강요라고 느낄 것이다. 그럴 때 치료사는 가족의 일을 몰래 캐내서 알아내려고 하는 '아웃사이더'에 불과할 수도 있다. 따라서 가족들이 편안하다고 느끼는 수준을 인식하는 감각이 아주 중요하다.

치료실에서와 마찬가지로, 방문치료사들에게는 내담자를 환영받는 분위기와 편안함 속에서 치료적 관계로 인도해야 할 책임이 여전히 있다. 그러나 모든 일이 '내담자의 영역'에서 벌어지기 때문에, 내담자 중 한 명이 치료적인 환경에서 주도권을 쥐려 한다면 치료사의 어떤 통제도 실패로 돌아가고 만다. 갑자기 손님인 동시에 치료사가 되는 것이다. 이럴 때 치료는 어려운 문제가 되고 만다.

나는 우리가 어떻게 작업해야 되는지 세심한 부분을 꼼꼼하게 짚고 넘어가는 일에 자신감을 가질 필요가 있다는 것을 시행착오를 겪으면서 배웠다. 설거지나 숙제를 끝마쳤든 아니든 정해진 약속 시간을 고집하는 것은 너무나 당연하다. 끝나는 시간 역시 의식적으로 잘 지켜야 한다. 치료 중에 나는 소리를 들을 수 있는 거리에 친구나 누군가가 있어서도 안 되고, 전화로 이야기하는 사람이 있어서도 안 된다. 어떤 집에서는 이것이 그 가정의 큰 문제일 때도 있는데, 텔레비전은 반드시 꺼야 한다. 담배를 피워서도 안 된다. 이 문제를 다른 사람 집에서 고집하기는 쉽지 않지만, 그래도 내 폐가 연기를 들이마시게 할 수는 없다. 예의를 지키는 옷차림도 필수이다. 가족 구성원이 3세 미만이 아닌 경우 잠옷을 입고 있어서는 안 될 것이다.

그 밖의 다른 원칙들은 크게 언급하지 않았는데 지극히 개인적인 취향의 문제이기 때문이다. 나는 고양이나 작은 개, 그 새끼들은 용납할 수 있지만 애완용 뱀이나 쥐, 도마뱀, 특히 이구아나는 만지고 싶지 않다. 특별한 장난감이나 수집품을 보기 위해 침실에 들어갈 때도 있지만,

그럴 때는 반드시 문을 열어 두어야 한다. 만일 가족 중 누군가가 아프면 나에게 전화를 해서 치료를 취소하라고 말한다.

고려해야 될 중요한 문제 중 하나는 내담자의 집 어디서 어떻게 미술작업을 할 것인가이다. 내담자의 요구에 예민하게 대응하는 것은 매우 중요한 일이므로, 나는 될 수 있으면 수성 매직, 크레파스, 색연필과 같이 별로 더러워지지 않는 재료들을 가지고 간다. 식탁과 거실의 커피 테이블도 작업하기에 좋다. 이때 작업대 위를 보호하기 위해 비닐 식탁보를 함께 가져가면 도움이 된다는 것도 알게 되었다. 방문 미술치료 작업을 많이 하는 날이란 내 차 트렁크가 순식간에 여행용 미술 재료 가방으로 변모한다는 뜻이다(여름에 크레파스를 트렁크 안에 절대로 놓아두지 말 것). 도심 지역에 있는 깨끗한 화장실의 위치 또한 알아 두었다.

모든 복잡한 설명을 들으면 방문 미술치료의 장점이 무엇인지 의구심이 생길지도 모르겠다. 방문 미술치료의 가장 큰 장점은 의심할 것도 없이 가족의 삶이 정말로 어떠한지 관찰할 수 있는 놀라운 기회라는 것이다. 혼란의 중심에 앉아서 가족들이 지르는 소리를 직접 들어야 할 때도 있지만, 그런 순간을 나는 내담자의 싸움을 최대한 존중할 기회로 여긴다. 혹은 부모와 자녀, 형제간에 다정해지는 순간을 목격하는 특권을 누릴 때도 있다. 그런 경험을 통해서 나는 현재의 위기 아래 자리한 사랑을 떠올리게 된다. 아버지가 집에 돌아오기를 기다리면서 할머니와 시간을 보내거나 토마토 줄기를 살피기도 하고, 고리 던지기 놀이 등을 하기도 한다. 저녁 식사가 익어 가는 냄새가 솔솔 풍겨 난다. 그 순간 나는 '이 집에서 산다는 것이 이런 것이구나!' 하는 느낌을 갖게 된다.

이렇게 치료적인 관계의 틀이 다를 때, 치료사들은 그동안 가지고 있는 경계에 대한 선입견이 시험대에 오르는 것을 느끼게 된다. 가족과 함께 작업을 할 때는 친밀감도 있어야 하지만 동시에 프로 정신도 가지고 있어야 한다. 개인적인 정보를 더 많이 공유하기 때문에 방문치료는 치료실에서 작업을 할 때보다 친밀감이 더 빨리 생기게 된다.

가족이 테이블에 둘러앉아 미술 작품을 만들다 보면 때로는 미술 작업에서 가슴이 뭉클해지는 감동을 받기도 한다. 작업 테이블 위쪽 벽에 결혼사진과 아기 사진이 걸려 있다면 가족이 함께한 그림 연대기가 중요한 이미지들로 가득 차고, 그 의미가 더 깊어질 수 있다. 디즈니월드로 여행 간 일을 이미지로 그릴 때면 사진 앨범이나 심지어 여행 비디오가 보충 자료가 되기도 한다.

나는 가족 중에 한 명하고만 만난 적이 있는데, 그때는 미술 작품이나 대화의 내용에 관하여 비밀을 지키기가 힘들었다. 만일 다른 가족들이 다 집에 있는데 아이들 중에 한 명만 만나기 위해서 찾아갔다면 작업할 만한 장소를 찾기가 어려울지도 모르겠다. 그럴 때는 은둔처가 필요한데 때로는 대가족이라 그런 여유 공간이 드물 수도 있다. 어떨 때는 이웃들에게 비밀로 해야 하는 경우도 있는데, 이웃이 나에게 누구냐고 물어보면 나는 늘 친구라고 대답했다.

정말 친구처럼 느껴질 때도 있다. 나는 치료 팀이 매주 월요일 찾아가는 가족 그룹 중의 한 어머니와 항상 월요일 아침에 만났다. 이날 그녀가 직장을 쉬기 때문이다. 여름날 아침, 현관에 앉아서 함께 커피를 마셨던 일은 유쾌한 치료 방법 중 하나였다. 그녀는 따뜻하고 재미있었다.

만일 다른 상황이었다면 우리는 틀림없이 친구가 되었을 것이다. 관계가 치료의 중심이라는 확신은 치료사인 나 자신에게 달렸다.

매사에 느낌에 집중하는 일은 방문치료의 도전이 될 수 있다. 내담자의 삶에 열린 마음으로 다가가는 것은 매우 도움이 되는 일이지만, 그와 동시에 스트레스도 많이 받게 된다. 그럴 때는 치료실이라는 조직과 고요함, 질서가 그리워지곤 한다. 안전의 문제에 만전을 기하는 것도 매우 중요하다. 운 좋게 동료와 함께 작업하게 되지 않는다면, 방문치료 중에는 복도 건너편에 동료가 있지 않다는 사실을 기억해야 한다. 따라서 안전과 관련해서 염두에 두어야 하는 중요한 요소 중의 하나는 동료에게 내가 어디에 있는지를 알리는 것과 휴대전화 소지이다. 만일 뭔가 이상하다고 직감적으로 느껴진다면 느낌을 믿고 그 집을 당장 떠나는 것이 좋다. 어떤 이웃 사람들은 내가 그 집에 마약을 사러 왔다고 생각했다. 이웃이 희롱을 한다거나 집 안에 그럴 만한 사람이 있다면 안전하지 못하다는 느낌과 관련된 상황을 꼭 짚고 넘어가야 한다.

이러한 어려움이 있긴 하지만, 방문치료는 거의 모든 면에서 보람 있고 생산적인 일이다. 가족들이 함께 미술 작업을 하려고 부엌에 모이고 싶어 하는 너무도 아름다운 순간이 있었다. 그런 따뜻하고 유쾌한 교감을 목격할 수 있다니, 그럴 때 나는 지구상에서 가장 운이 좋은 치료사라고 느꼈다.

좀 더 깊은 관계를 향하여

제5장

작업을 더 깊이 있게 만들기

_ 가족 퀼트 만들기, 감정 풍경화 그리기

치료실에 들어서는 바버라의 눈이 벌겋게 충혈되어 있다. 울었나 보다. 내가 뭐라고 이야기를 하기도 전에 그녀는 그림 연대기를 다시 꺼내 보고 싶다고 요청했다. 우리는 그림 연대기를 꺼내 놓고 함께 조용히 앉아 그림을 바라보면서 이미지들이 움직여 우리를 다시 찾아온다고 상상해 봤다. 바버라가 "일 문제네요."라고 말하는데 목이 메는 눈치였다.

그녀는 그림 연대기에서 20대 중반의 힘든 시기를 나타내는 이미지를 가리켰다. 호랑이 두 마리가 긴장된 눈빛으로 서로 덤빌 것 같은 자세를 하고 있는 그림이었다. 그림은 가족과 함께 사업을 하던 당시 언니와 사무실에서 일할 때의 모습을 나타내고 있었다. 그 당시 그들은 서로에게 말 그대로 '목엣가시'였다.

바버라는 그림에서 아주 조용하고 얌전하게 그려진 호랑이의 털을 손으로 매만졌다. 이 호랑이에 대한 반응 그림을 그릴 수 있다고 제안하자, 그녀는 머리를 끄덕이며 종이와 크레파스를 집어 들었다. 종이 전체를 채울 정도로 큰 호랑이가 으르렁대고 있는 이미지가 출현했다. 작업을 마치고서야 그녀는 살짝 웃을 여유를 되찾았다. "이게 일할 때 제 모습이에요." 그녀는 새로 온 동료에 대한 경쟁심으로 분노가 올라왔는데 두려움과 질투심에 치를 떨었다고 한다. 그 감정은 몇 년 전 언니와 함께 사무실에서 일할 때 느꼈던 것만큼 강렬했다. 우리는 함께 호랑이 그림 두 장을 활용해서 그동안 숨겨져 왔던 부적절하고 수치스러웠던 감정들을 깊이 탐색하기 시작했다.

바버라와의 작업을 통해서 나는 연대기로 돌아가 넓은 시각에서 다시 보거나 고치거나, 반응을 재점검하기 위해 이미지를 선택하는 것이 얼마나 의미 있는 작업인지를 새삼 인식하게 되었다. 연대기는 오랫동안 친하게 지내 온 이웃 같은 역할을 하는 것 같다. 연대기를 따라 걷다가 어디든 원하는 곳에서 멈추어 생각을 할 수 있다. 그 시간은 짧을 수도 있고 길 수도 있다. 오직 내담자가 무엇을 원하고 무엇을 기억하는가에 달려 있다. 바버라는 이 작업을 통해 현재 고통의 뿌리가 언니와의 관계에서 겪었던 어려움에서 비롯되었다는 사실을 직감적으로 알게 되었다.

내담자의 관계에 대해 탐색하다 보면 치료 관계가 훨씬 더 깊어질 수 있다. 특히 가족 구성원들에 대한 이야기나 이미지를 공유하기 위해서는 치료사와 치료 작업의 본질, 그리고 치료적인 작업의 여정에 대한 신뢰가 있어야 한다. 가족의 기원이나 현재 가족 관계에서 특별히 기억나는 것들을 공유하다 보면 내담자는 그동안 지켜 왔던, 다음과 같은 가족의 규칙들을 깰 수 있게 된다. "우리 가족의 일을 아무에게도 말하지 마라." 혹은 "집에서 일어난 일이 집 밖으로 새 나가지 않게 하라."

어릴 적 우리 동네 YWCA에서 여름 수영 강습을 받을 때 늘 듣던 규칙이 있었다. "깊은 곳에는 절대로 가지 마라." 그 당시 나는 물을 너무나 무서워했기 때문에 이 규칙을 지키는 일이 어렵지 않았다. 그런데 어느 토요일 아침, 강사가 갑자기 우리에게 작은 고무 판을 손으로 잡고 다리로 물장구를 쳐서 깊은 물 쪽으로 가라고 하는 것이 아닌가. 나는 공포심에 거의 얼어붙었다.

내담자들에게 중요한 관계에 관하여 기억하라고 제안하면 몇몇 내담자들은 심하게 '얼어붙고' 긴장할 수 있는데, 거기에는 그럴 만한 이유가 있게 마련이다. 내가 활용하기 좋아하는 미술 기법으로 퀼트 작업이 있는데, 퀼트 이미지를 활용하면 이러한 기억 작업을 더 안전하고 수용적으로 느끼게 할 수 있다. 나는 주로 다양한 색과 질감으로 된 엽서 크기의 종이를 내담자에게 준다. 그리고 자신의 인생에서 중요한 사람들의 수만큼 종이를 가지고 그들에 대한 퀼트를 만들게 하는데, 직사각형 종이 위에 그들을 상징하는 이미지를 그리거나 장식을 하도록 한다(그림 5.1).

특히 미국의 유대교에는 대속죄일에 가족 구성원의 옷을 잘라 조각들을 연결하는 퀼트의 전통이 전해 온다. 이 조각들은 가족의 역사를 이야기하는 중요한 방법으로, 이것들이 모여서 따뜻한 담요가 된다. 할머

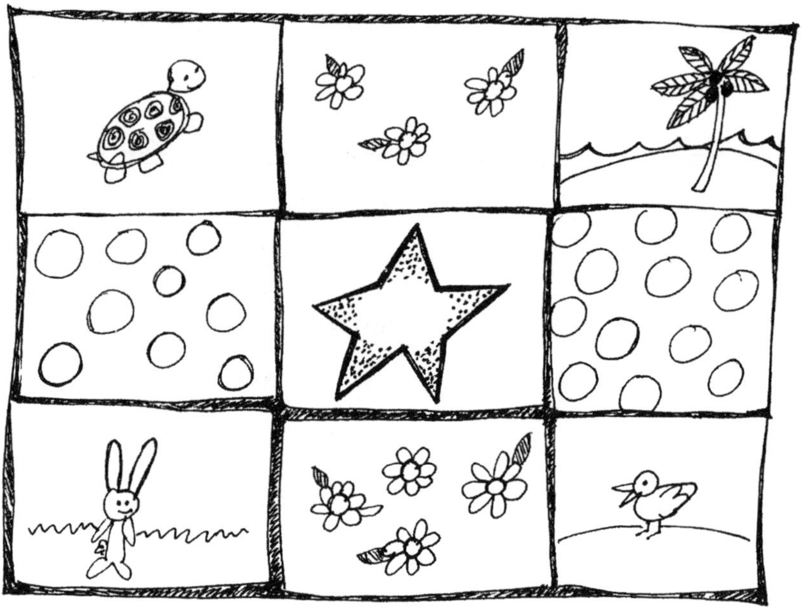

| 그림 5.1 | 중요한 사람들 퀼트

니의 앞치마 조각, 삼촌의 외투 등에서 잘라 낸 조각을 함께 꿰매서 중요한 가족의 역사를 담아내는 것이다. 그 역사란 다름 아닌 가족들이 일시적으로 흩어져 살아야 했던 시기의 이야기이다.

미국의 유명한 예술가인 페이스 링골드(Faith Ringgold)는 자신의 작품에 퀼트 작업과 퀼트 이미지를 활용하는 사람이다. 내담자와 스토리텔링 작업의 일환으로 퀼트 작업을 시도할 때 그녀의 작품을 참고하면 유용할 것이다(Ringgold, Freeman & Roucher, 1996).

내담자들에게 삶에서 중요한 사람들을 상징하는 작은 이미지들을 만들라고 제안할 때, 나는 어떤 이미지가 가장 먼저 만들어지는지, 이미지를 만드는 동안 내담자의 기분이 어떤지, 그리고 작은 조각들이 모여서 하나의 커다란 이미지가 될 때 작은 퀼트 엽서들이 어떻게 배열되는지 관찰하는 데 흥미가 있다.

이러한 '중요한 사람들을 위한 퀼트 작업'에 특별한 규칙이 있는 것은 아니다. 꼭 나와야 할 사람의 수가 정해져 있는 것도 아니다. 소중한 할머니를 상징하는 엽서 두 장으로 된, 매우 아름답고 의미 있는 퀼트를 본 적이 있다. 또한 엽서 스무 장을 엮어서 하나로 만든 커다란 퀼트 작품도 보았다. 엽서마다 내담자에게 지지적이고 친숙한 친구들을 가리키는 온갖 상징과 색깔이 가득 차 있었다.

퀼트 안에 누가 출현하든 그들에 대해 이야기 나눌 때 누구를 이야기할지, 그들에 대해서 얼마나 이야기할지 선택하는 것은 내담자의 몫이다. 가족에게 대대로 전해져 내려오는 진짜 퀼트처럼 대부분의 퀼트에는 가족의 슬픔과 염원, 힘과 지지 등이 섞여 있다. 질감과 모양, 색이 어우러져 있는 것처럼 기억의 파편들도 어우러져 있는 것이다.

그림 연대기 작업과 마찬가지로 퀼트를 만든 내담자는 퀼트에서 특정한 이미지를 선택하고 더 큰 이미지를 만들거나, 그 사람 또는 관계에 대하여 언어를 통해 더 깊이 탐색함으로써 그것에 초점을 맞출 기회를 갖게 된다. 퀼트를 좀 더 확장해서 이미지로 된 가계도를 그릴 수도 있다. 세대별 가계도를 통해 어떤 내담자들은 치료에 가져온 이슈들이 세대를 관통하여 많은 조상들과 가족의 패턴에 연결되어 있음을 알게 되기도 한다(McGoldrick & Gerson, 1985). 한 예로 고모가 퀼트 안에 출연할지도 모르겠다. 내담자가 고모에 대하여 이야기하는 동안 우리는 다른 친척들 그리고 그들의 삶의 방식과 관련되어 보이는 하나의 이야기를 듣게 된다. 가계도를 통해서 우리는 그 연결성과 패턴, 관계를 알 수 있게 될 것이다(그림 5.2). 색채와 상징, 털실이나 돌, 물감과 장식 재료로 만들어진 가계도는 삶의 다른 층위와 의미가 치료 과정에 담기도록 활기를 불어넣는다.

특히 가계도는 가족치료 작업의 일환으로 받아들여진 지 오래되었다. 미술을 가계도 그리는 과정에 덧붙이게 되면 가족 구성원의 감정과 상징, 성격에 관하여 파악할 수 있을 뿐만 아니라 그동안 가족이 걸어온 길에 대한 시각적인 해석이 가능하다. 강점과 성격, 가족의 특성에 관한 이야기가 언제나 무궁무진하게 나온다.

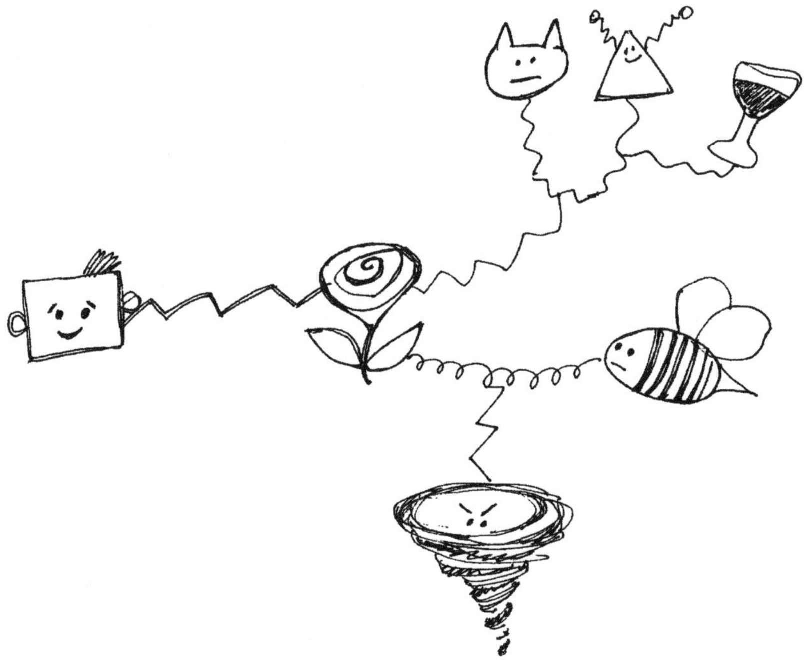

| 그림 5.2 | 가계도

한번은 열한 살 소년 마이크에게 할아버지를 나타내는 그림을 그리라고 제안한 적이 있었다. 그러자 마이크는 할아버지를 만난 적이 없어서 아무것도 그릴 수 없다고 대답했다. 그러나 이 일은 오히려 마이크의 아버지, 찰리가 마이크에게 할아버지의 재미있는 웃음소리와 축 늘어진 콧수염, 욱하는 성질에 관하여 들려줄 수 있는 기회가 되었다. 마이크는 가계도의 할아버지 칸에 험상궂어 보이지만 귀엽게 귀가 축 늘어진 개를 그려 넣었다. 찰리는 작은 개의 표정이 무서운 것을 보고 웃으면서 자신의 욱하는 성격이 아버지와 참 많이 닮았다는 것을 인식하게 되었고, 마이크에게 자기가 무섭냐고 물어볼 수 있었다.

내담자가 자신의 두려움을 말이나 그림으로 공유하기 시작한다면 이제 좀 더 어려운 작업으로 진입해도 좋다. 두려움을 밖으로 드러내어 빛을 쪼이고 숨을 쉬게 하는 일은 기본적으로 위험이 뒤따른다. 그래서 나는 현재의 감정을 표면으로 드러내도록 하는 방법의 하나로, 내담자들에게 현재의 '감정 풍경화'를 그려 보라고 제안한다. 나는 어떤 재료든 활용해서 풍경화를 만들라고 제안하는데, 풍경화는 내담자가 바로 지금 삶에 대해서 어떻게 느끼는지를 보여 준다. 이 풍경화에 대하여 좀 더 자세히 이야기 나눌 필요가 있는 내담자도 있지만, 대부분의 내담자들은 그저 바깥 풍경화라고 알고 있다. 지금 밖으로 나갈 수 있다면 그곳이 어떻게 느껴질 것 같은가?

"어떨 것 같아요?" 이 질문은 내담자에게 뭔가를 하라고 제안하기 전에 치료사가 시도해 볼 만한 중요한 또 다른 미술 체험이 될 것이다. 특히 어려운 치료라고 생각된다면, 회기를 마친 후 치료사 자신에게 집중

해 보는 것 역시 좋은 방법이다. 만일 나 자신의 감정 풍경화가 호수가 말라서 물고기들이 산소가 모자라 헐떡일 만큼 호수 바닥이 버석거린다면, 왜 그렇게 느끼는지 자신에게 물어볼 필요가 있다. 특정한 내담자와 시간을 보낸 다음에 왜 그렇게 소모적이라고 느끼는지에 관해서 말이다.

패트릭은 42세의 남성으로 험난한 이혼 과정을 겪고 있었다. 그는 색연필로 음산해 보이는 벽돌담을 그렸는데 담 사이로 동굴이 몇 개 보였다. 그 그림을 보는 내 마음의 반응이 공허하고 몹시 차갑게 느껴졌다. 특히 동굴이 달갑지 않아서 자꾸 신경이 쓰였다. 그러나 내 염려와 달리 패트릭은 오히려 이 동굴을 폭풍우 같은 이별 후에 필요한 고독의 공간으로 묘사했다. 그의 경우에는 관계를 끝내는 것과 관련하여 외로움과 견고함이 만족스럽다고 했다. 그에게 있어서 동굴은 지금 현 상황에 대한 인식의 상징이다. 즉, 아직은 자기 자신 안에 더 들여다봐야 하는 어둠의 공간이 존재한다는 것이다. 비록 어둠이 존재하기는 하지만 그 동굴에 들어갈지 말지는 패트릭 자신이 선택했다.

패트릭이 돌아가고 난 뒤, 나는 내 자신의 감정 풍경화를 그렸다. 그림에서 음침함이 느껴졌다. 음침함은 내가 이번 주를 얼마나 힘들게 보냈는지를 비춰 주고 있었다. 그래서 내담자인 패트릭의 이미지를 이해할 때 나 자신의 느낌을 투사했던 것이다.

미술치료사로서 우리에게는 미술 작업을 할 수 있는 재능이 있다. 미술 작업을 통해서 우리는 어려움과 역전이의 경험, 그리고 개인적인 삶과 전문가로서의 삶이 함께 뒤엉킨 부분을 밝혀낼 수 있을 것이다. 내담자와의 작업이 더 심도 깊어질수록, 우리는 작업실에서 이루어지는 미술 작업을 통해 의도적으로 치료사 자신의 문제에 관하여 더 많이 돌봐야 할 필요가 있다. 또한 미술 작업은 이러한 작업을 하면서 경험할 수 있는, 기쁨을 일깨우는 의미 있는 작업이 될 수 있다. 어려움과 고통을 담아낼 곳(미술)이 있을 때, 우리는 직업에 대한 즐거움을 만끽하면서 열린 마음으로 다음 회기를 향해 나아갈 수 있을 것이다.

실질적으로 볼 때, 내담자에게 언제 기쁨을 느끼는지 묻는 것은 내담자가 자신이 누구인가를 깊게 이해할 수 있는 단계로 나아가도록 돕는 의미 있는 방법이 될 수 있다. 나는 내담자들에게 삶에서 무엇이 기쁨을 주는지에 관하여 그려 보라고 제안하는 이 일이 즐겁다. 어떤 경우에는 그림에 그것을 다 담아낼 수 없을 때가 있다. 그럴 때 씨름해 볼 만한 중요한 문제는 다음과 같다.

- 하루나 일주일을 지내는 동안 어떻게 느꼈는가?
- 지금은 더 이상 행복감을 주지 않지만 예전에 즐겨 하던 것이 있는가?
- 다음 주에 한순간이라도 행복을 맛보기 위하여 할 수 있는 아주 작은 일은 무엇인가?

내담자들이 기쁨의 이미지를 그리다가 그동안 잊어버리고 있었거나 숨기고 있었던, 삶의 다른 부분들을 보게 되는 일이 비일비재하다. 정해진 스케줄이나 시간 부족을 핑계로 무시해 왔던 취미 생활이 나타나는 경우도 있다. 색소폰을 수채 물감으로 아름답게 그린 경우가 기억난다.

애완동물이나 스포츠 또는 휴가 장면도 자주 나온다. 위스콘신 주에서는 최북단에 위치한 오두막집이 기쁨의 상징으로 종종 등장한다. 소중하게 간직해 온 호젓한 곳으로 더 자주 여행을 떠날 수 있도록 실제로 삶을 다시 꾸릴 수 있게 된 내담자들도 많다.

내담자의 삶에서 기쁨의 순간뿐 아니라 기쁨이 부족한 순간을 다시 살펴보게 됨으로써 나는 내담자들이 자신이 누구인지 새롭게 인식하게 된다고 느껴진다. 함께하는 작업을 통해 우리 모두 감사하는 능력을 성장시키고 기쁨을 촉진하는 일이 가능해질 것이다. 그래서 희망적이다.

제6장

슬픔을 알아보고 안아 주기

_ 가면 만들기, 애도의 공간 만들기

소아 병동에서 연장 치료를 받고 있는 아동 입원 환자들과 작업을 했을 때의 일이다. 아이들이 퇴원할 때 얼마나 나와 계속 있고 싶어 하는지를 생각하며 내가 잘 울어서 그런지 다른 아이들이 종종 나를 놀리곤 했다. '울보'라는 별명으로 불리기 시작한 것은 열다섯 살의 마커스와 눈물 콧물 흘리면서 헤어진 다음부터였다. 마커스가 떠난 직후 자말이 뛰어와서 말했다.

"다 큰 녀석 때문에 왜 울어요?"

"마커스가 보고 싶을 것 같아서. 자말, 너하고도 헤어지고 나면 보고 싶을 거란다. 마커스가 퇴원하게 돼서 좋긴 한데 그 아이가 보고 싶구나."

우리 자신의 진짜 감정을 위로하는 것은 치료사의 능력 중에서 아주 중요한 부분이다. 그럴 수 있을 때 내담자와 함께 감정적으로 바로 지금 여기에 존재할 수 있다고 믿는다.

나는 '울보'라고 불릴 만하다. 그렇다고 자랑스럽게 내세울 일은 아니라고 생각한다. 잘 우는 것이 항상 도움이 되는 것은 아니어서, 우리 아이들은 영화를 볼 때 퉁퉁 부은 내 눈과 눈물로 흥건한 뺨을 보고 놀리곤 한다. 울 수 있는 능력이 치료사로서 내 능력의 전부를 말해 주는 것은 아니라고 생각하지만, 내담자가 슬퍼하거나 애도하거나 우울해할 때는 치료사 역시 솔직하고 진실한 감정으로 존재할 필요가 있다고 본다. 내 생각에 대부분의 치료사들은 자신을 공감적이고 연민이 많다고 묘사하고 싶어 하는 듯하다. 그런데 새로운 치료사들은 대부분 슬프거나 우울한 내담자와 마주쳤을 때 '내담자를 더 기분 좋게 만들어야 한다'거나 '기분이 나아지도록 도와야 한다'는 열망을 인식하게 된다고 이야기한다. 그러나 생각해 보라. 내담자들은 슬픔을 표현하라고 지지하는 대신 애써 슬픔에서 빠져나와 앞을 향해 가라고 재촉하는 친구나 가족들에게 이미 둘러싸여 있다.

제나는 열여섯 살 난 아름다운 소녀로 고등학교 생활을 잘하고 있었다. 그런 그녀가 갑자기 충동적이고 신경질적인 행동을 자주 하게 된 것을 걱정한 어머니 덕에 치료를 받으러 오게 되었다. 제나는 예민했다. 그녀는 미래에 '괜찮은 선택'을 할 수 있을지 심하게 걱정하고 있었다.

그러던 어느 날 저녁, 그녀는 치료 시간에 시를 한 편 가지고 왔다. 넉 달 전 돌아가신 할아버지에 관한 시였다. 내용은 자신이 너무나 사랑했던 사람에 대한 부드럽고 다정한 헌사였다. 우리 둘 다 두 눈에 눈물이

글썽였다. 나는 제나에게 할아버지에 대해서 이야기해 달라고 했다. 할아버지와의 제일 좋았던 기억에 관하여 이야기하면서, 그녀는 색연필을 가지고 순수하고 추상적인 낙서를 했다. 나는 그녀에게 계속 이야기하라고 하면서 이야기하는 동안에도 할 수 있는 다른 미술 과정을 시도하겠느냐고 묻고 물에 젖은 수채화 종이와 수채화 물감을 주었다. 물감이 종이 위에 떨어져서 퍼져 나감과 동시에 그녀의 어깨가 한결 편안해졌고, 울지 않으려고 안간힘을 쓰던 것을 포기했다. 그녀와 나는 이 주체할 수 없는 슬픔과 물감의 뒤엉킴을 조용히 느끼며 앉아 있었다. 슬픔과 물감, 둘 다 그 자체가 드러나도록 말이다. 작업 후반에 이르자 제나는 가족들에게 느꼈던 분노에 대해서 털어놓을 수 있게 되었다. 가족들은 그녀에게 이토록 중요한 할아버지의 죽음을 이겨 내고 어서 앞으로 나아가라고 재촉하는 것처럼 보였던 것이다.

내담자들은 종종 자신의 슬픔에 관하여 다른 사람들이 반응하는 모습을 보면서 외로움을 느끼곤 한다. 내담자 주변에 있는 친구들은 이혼 후의 애도 감정을 지긋지긋해하며 빨리 도망쳐 벗어나려는 것처럼 보인다. 가족들 역시 이상하게도 아프거나 죽음이 벌어진 시간에 마치 없었던 것처럼 행동한다. 나는 내담자들에게 그런 날들을 견디기 위하여 사용하는 자기 자신의 가면을 만들어 보라는 제안을 자주 한다. '난 괜찮아요' 가면과 '가까이 오지 마, 나 화났어!' 가면, 그리고 내가 개인적으로 가장 즐겨 하는 '나는 너무너무 바빠서 안 좋다고 느낄 겨를이 없네요' 가면 등이 있다.

다른 작업들도 마찬가지겠지만, 이와 같은 보호적인 가면을 활용하면 미술 작업 과정이 현실감에 이르게 하는 좋은 시간과 공간이 될 것이라고 생각한다. 현실을 체험할 수 있는 좋은 공간은 가면의 뒷면이나 내부에 있다. 다른 사람들과 공유하는 가면의 외관 밑에서 우리가 어떻게 느끼는지에 대하여 더 사실적으로 이야기하는 내면의 이미지를 만들 수 있다. 나는 내담자에게 가면의 뒷면을 공유할 수 있는 사람이 있는지, 그리고 현재의 감정 상태가 어떤지에 항상 관심을 둔다.

나는 대학원생이나 인턴, 새로운 치료사에게 치료사로서 그들이 사용하는 가면을 만들어 보라고 제안하는 데 관심이 아주 많다. 내담자가 같은 이야기를 계속 반복할 때 '나는 듣고 있어요' 가면을 꺼내지만, 정신은 이미 딴 데 가 있지 않은가? 정말 아무 생각 없이 '연민의 마음으로 고개를 끄덕이는' 가면을 쓰지 않는가? 내담자가 충격적이고 불안한 그림을 그렸을 때 솔직한 반응을 숨기기 위해서 '무엇에든 담담해요' 가면을 쓰지는 않는가? 내담자가 슬퍼하거나 울고 있는데 당신의 감정을 숨기려는 의도로 '로봇' 가면을 쓰지는 않는가?

물론 치료하는 동안 우리가 의도적으로 가면을 사용한다고 생각하지는 않는다. 그리고 가면을 사용하는 것이 다 나쁘다고 생각하지도 않는다. 반감을 떨쳐 내는 '무엇에든 담담해요' 가면 덕분에 우리는 시간을 갖고 솔직한 반응이 떠오르도록 평정을 되찾을 수도 있는 것이다.

이 작업에서 가장 중요한 부분은 내담자에게 언제 가면을 사용하게 되는지 묻는 것이다. 또한 우리도 자신의 가면에 대하여 자각할 필요가 있다. 다행히 우리는 스스로의 내면 여행을 통해서 인간이자 치료사로서 점차 진실하고 참되게 진취적으로 성장할 수 있는 기회를 갖고 기운을 내고 있다.

이미 울보라고 고백했기 때문에 장례식에서 애도의 태도와 관련하여 나에게 어려운 상황이 적잖이 벌어질 것임을 쉽게 예상할 수 있을 것이다. 아이오와에 있는 작은 프로테스탄트 교회에서 할머니의 관이 들려 나올 때 나는 흐느껴 울기 시작했다. 내 고통을 더 이상 안에만 붙들고 있을 수 없었던 것이다. 그러다 사람들이 흐느끼는 나를 주시하고 있다는 사실을 인지하게 되었다. 그곳은 조금은 일방적인 문화적 신념이 존재하는 곳이었다. 거기서 용인되는 것은 기도하거나, 성가를 부르거나, 남을 의식하면서 적당히 감정을 드러내는 정도이다.

죽음에 관하여 문화마다 다른 신념과 전통, 풍습이 존재한다는 사실을 체험적으로 배웠던 덕분에 편안해질 수 있었다. 밀워키에서 나는 멕시코 인들이 주로 모여 있는 지역의 지하 문화센터에서 지역 아동을 위한 단기 미술 강좌를 재미있게 한 적이 있다. 대부분 미국 생활이 낯선 지역 주민들이 문화센터에 모여 따뜻한 분위기에서 자신들의 전통을 나누었다. 그 마을 문화센터는 그들에게 전통을 시각적인 예술로 표현해 그 지역 공동체에 보여 줄 수 있도록 전시 공간도 제공했다. 나는 그들이 꾸민 핼러윈 제단에 곧바로 반해 버렸다.

지역 주민 예술가가 방문해서 다양한 제례와 전통을 활용하여 사랑하는 가족 중 세상을 떠난 이에게 바치는 아름다운 의식을 펼쳤다. 제례와 전통은 그들 모국의 장지와 집에서 치러지는 것이다. 그들이 만든 제단은 사랑하는 이의 영혼이 돌아옴을 환영하고 기억하며, 그림과 좋아하는 물건, 음식과 마실 것, 양초, 그리고 야광 오렌지색이나 노란색 국

화가 놓이는 신성한 장소였다. 세상을 떠난 소중한 숙모의 제단에는 그녀가 좋아했던 그릇과 스웨터가 놓여 있다. 할아버지의 제단에는 담배와 주머니칼, 테킬라 한 잔이 놓여 있다. 예술가는 신성한 제단에 친근하고 강렬한 추억이 깃든 물건들을 모아서 그들이 사랑했던 사람들에게 바치는 의식을 시작했다.

나는 점차 수년에 걸쳐서 우리의 삶에 상실의 충격이 누적된다는 사실을 깨닫게 되었다. 그래서 그토록 많은 사람들이 너무나 고통스러운 상실을 견디며 살아가고 있는 것이다. 그들은 바로 지금 현재의 문제점을 해결하고자 치료실에 온다. 그러나 그 밑에는 제대로 애도하지 못한 일이나 건강, 집이나 이웃, 삶의 방식에 대한 상실감을 감추고 있다. 아마도 상실은 기본적으로 내면적인 것들로 정체성이나 목적의식의 상실, 개인적인 안전감이나 효능감에 대한 상실을 뜻할 것이다.

이러한 창의적인 반응을 밖으로 표현하는 데 방해가 될 만큼 상실 주변으로 기울고 있는 에너지를 잠시 멈출 필요가 있다. 제단이나 신성한 추억의 공간 같은 것을 만들다 보면 그 작업이 생각을 조용히 중단시키는 기능을 할 것이다.

'제단'이라는 말은 여러 사람들에게 종교적으로 중요한 의미가 담긴 강력한 단어로 들릴 것이다. 그래서 제단을 만들자고 제안할 때는 그 의미가 무엇인지 분명히 할 필요가 있다. 종교를 가지고 있거나 영적인 훈련을 하는 사람들은 대개 자신의 집에 전례를 위해서, 또는 명상을 강화할 목적으로 제단을 만든다. 그러나 내가 내담자들에게 만들어 보라고 제안하는 제단은 기본적으로 죽은 이들을 기억하고 기념할 수 있는 시각적이고 촉각적인 것이다.

나는 할머니를 추억하는 작은 탁자로 된 공간을 만들었다. 거기에 할머니가 사용하셨던 분홍빛 작은 뮤직 박스와 안경, 찻잔과 옅은 분홍빛 양초, 꽃이 담긴 꽃병을 두었다. 나는 기억을 만져 볼 수 있는 장소로 이 공간을 사용했다. 그곳은 나 자신에게 허락된 장소였다. 그곳에서 나는 얼마든지 할머니를 그리워할 수도 있었고, 할머니에게 배울 수 있었던 것들에 대해 충분히 감사할 수도 있었다. 하루 종일 쉬고 싶지만 안전한 장소가 없다고 느낄 만큼 슬픔이 올라올 때 나는 이곳이 필요했다. 치유가 이루어질수록 나는 기억을 담아 놓을 내면적인 장소를 만들 능력과 함께 그러한 특별한 상실감을 상당히 가라앉힐 힘도 생기는 것 같았다.

제나는 할아버지를 추억하는 작은 보석 상자를 실제로 만들어 보기로 결정했다. 할아버지 하면 떠오르는 색으로 상자를 칠하고 그 중앙에 시를 적은 후, 시 주변에는 할아버지와 함께 산책하면서 모아 두었던 작은 돌들을 놓았다.

공허감과 그리움 등 다양한 감정이 존재할 수 있는데, 예술만이 그 감정들을 조심스럽게 건드릴 수 있는 것 같다. 다른 주에서 이사 온 로라는 가장 친했던 친구의 그네를 찰흙으로 재현했다. 열두 살의 맨디는 어머니 그림을 그렸는데, 아래쪽에 기도하는 사람을 작게 그리고 그 주변에 금박 별을 그려 넣었다. 기도하는 사람은 마약이 난무하는 거리의 삶에서 희생된 어머니를 돌봐 달라고 신에게 애원하고 있었다. 예순을 맞은 에스더는 특별히 힘들었던 10월, 작은 호박과 사진들을 가지고 제단을 장식해서 수년 전 자녀들과 지냈던 핼러윈의 추억을 기념하였다.

공간과 이미지는 추억을 간직하고 공허감을 감싸 안는다. 우리는 함께 치료적 관계에서 비롯된 믿음을 엮어서 슬픔을 지탱할 만큼 충분히 안전한 공간을 만들게 될 것이다.

제7장

분노를 시각화하고 표현하기

_ 감정 그림 그리기, 분노의 괴물 그리기, 밤의 이미지 그리기

로버트는 열네 살 나이에 걸맞지 않게 계속 어린애처럼 굴었다. 가족치료 중에도 갑자기 발끈하는 성질이 터져 나와 방 안에 있는 모두를 당황하게 만들었다. 그동안 가족들은 그의 분노에 대해서 체념하는 분위기였다. 그들은 그것이 피할 길 없는 조울증의 증상이라고 믿고 있었기 때문이다. 점점 나이가 들고 키가 커질수록 그의 증상은 모두에게 무시무시한 상처가 되고 있었다.

어느 날 오후, 나는 로버트를 개인적으로 만나게 되었다. 그가 자신을 낳아 준 아버지에 대하여 이야기하는 동안 나는 그에게서 알 수 없는 슬픔의 자락을 느낄 수 있었다. 나는 로버트에게 분노와 슬픔, 두려움, 그리고 행복에 대하여 어떻게 느끼는지 그림을 그려 보라고 제안했다.

그는 파스텔로 화산이 폭발하는 모습을 휘갈겨 그리고, 이게 선생님이 원하는 것이냐며 비꼬듯이 물었다. 나는 웃으며 고개를 끄덕였고, 나 자신의 분노를 의미하는 회오리바람을 그리기 시작했다. 내가 회오리바람을 가지고 실컷 노는 모습을 보더니 로버트 역시 마음이 편해졌는지 작업을 계속했다.

그는 자신이 '우울'이라고 이름 붙인 그림을 그리는 데 대부분의 시간을 보냈다. 그림에서 그는 자기 자신을 깊은 구덩이의 맨 밑바닥에 놓았다. 그는 구덩이 벽이 미끌미끌하고 질척질척해서 아무도 자신이 나오도록 도울 수 없다고 말했다. 진흙 속에 갇혀 있는 상태라고 이야기하는 동안 그의 목소리는 많이 갈라졌다. 그러나 나는 처음으로 그에게서 나오는 깊은 연민이 깃든 분노의 소리를 들을 수 있었다. 그는 자신이 우울의 구덩이 속에서 아무런 도움을 받을 수 없으며, 누구도 자신을 도울 수 없다는 사실이 너무나 통탄스럽다고 말했다.

이 책에서는 감정을 좀 더 명확히 탐색하기 위하여 슬픔과 분노라는 강력한 감정을 나누어 논의할 것이다. 그러나 오히려 미술 작업을 해 보면 두 감정이 얼마나 연결되어 있는지, 그리고 그 관계가 얼마나 두터운지를 알 수 있을 것이다. 분노를 적절히 다른 감정들과 분리해 내려고 안간힘을 쓰는 사람들이나 분노의 감정만을 느끼고 있는 것처럼 보이는 사람들 모두와 작업을 해 보니, 분노는 다른 복잡한 감정들과 혼재되어 있는 것 같다. 그래서 때로는 미술 작업을 통해 정리해 보는 것이 도움이 된다. 그렇다고 단지 감정들을 구분하는 데 관심을 가지는 것은 아니고, 특정한 감정을 이미지화하는 데 관심이 있다. 다른 감정들이 이미지 면에서 매우 비슷해 보이는 것을 보면 호기심이 생긴다.

여덟 살 난 라일리가 '분노'와 '두려움'에 대해 그린 그림은 거의 비슷해 보였다. 아이가 그림에 관하여 이야기할 때에야 비로소 그 의미를 명확히 알 수 있었다. 아이의 가족은 무서워하는 것을 금기시했다. 부모가 줄곧 무섭게 싸워 댈 때조차도 말이다.

미술 작업은 그동안 소리를 거의 내지 못했던 삶의 부분이 말을 하도록 돕는다. "네가 화났는지 내가 어떻게 알 수 있지?"라고 물었더니 라일리는 내가 모를 수밖에 없을 것이라고 말했다. 대신 담담한 척하거나 꾹 참거나, 또는 매사가 괜찮은 것처럼 어떻게 노련하게 행동할 수 있는지 들려주었다. 그래서 나는 라일리에게 신문지와 테이프를 주면서, 가장 최근에 심하게 화났던 때를 생각해 보고 '분노의 괴물'을 만들어 보라고 제안했다. 이 괴물은 우리가 분노의 감정과 제대로 만날 수 있도록 도와줄 것이다. 분노의 괴물 작업은 종이를 오리고 자르는 육체적인 행동과 종이를 찢을 때 나는 소리, 찢어진 종이를 구겨서 모양을 만들고 테이프로 감을 때의 느낌이 합쳐져서 만족감을 주는 과정이다(그림 7.1).

내담자들이 미술 작업의 즐거운 면과 만나게 되면 때로는 작품이 웃음을 유발하곤 한다. 바버라는 분노의 괴물 입에 길고 날카로운 송곳니를 덧붙이고 크게 웃었다. 그녀는 괴물을 구기더니 큰 소리로 비명을 확 내지르며 그림을 자신의 머리 너머로 휙 날려 버렸다.

"언제 이 괴물이 나오나요?"

낄낄대는 웃음을 뚫고 내가 물어보았다.

"자주는 아니에요. 하느님께 감사할 일이죠."

| 그림 7.1 | 분노의 괴물

바버라는 괴물을 주워 소파의 반대편 끝에 앉혔다. 자기가 앉은 자리에서 멀찌감치 떨어뜨려 놓으려는 것 같았다.

"괴물이 바버라한테 무슨 말을 하고 싶어 하는 것 같아요?"

바버라는 그저 미소만 지을 뿐이었다.

"아니, 그냥 뭐라고 말하고 싶어 하는 거 같냐고요?"

순간 바버라는 얼굴 표정이 변하며 낮은 소리로 속삭였다.

"지겨워. 일하는 게 짜증 나. 상사 비위 맞추는 거 정말 싫어. 늦게까지 일하는 것도. 바빠 죽겠는데 도와주지 않는 것도. 너무나 짜증 나고 힘들어….”

바바라는 손을 뻗쳐 소파에서 괴물을 들어 올리더니 확 찢어 버렸다.

“나 정말 죽겠다고.”

내담자들과 분노 괴물에 대하여 이야기 나눌 때 도움이 될 만한 질문은 다음과 같다.

- 괴물은 무엇을 먹고 사는가?
- 괴물은 무엇을 하며 시간을 보내는가?
- 다른 사람들은 이 괴물을 좋아하는가?
- 괴물은 당신 근처에 있는 것을 재미있어 하거나 흥미로워하는가?
- 괴물이 사람들을 겁주거나 피하게 하는 때가 있는가?
- 괴물이 통제 불능 상태일 때가 있는가?

바바라의 경우도 그랬듯이, 갑자기 분노가 목소리를 찾기 전까지는 삶이 분노에 적응하는 것처럼 보일 정도로 분노가 아주 은근히 삶에 침투해 있을 수 있다. 속삭이는 소리가 너무 희미하기 때문에 마침내 삶이 잠잠해지는 밤이 되어야만 그 목소리가 들리기 시작한다. 사람이 낮에는 “저리 가.”라고 조정할 수 있는 것들이 밤이 되면 주체할 수 없이 더 강력하고 흥분된 상태로 되돌아오는 것처럼 보인다.

밤에 무슨 생각을 하는지 그림을 그려 본 적이 있는가? 내담자에게 이 작업을 하라고 요구하기 전에 치료사 자신이 먼저 경험해 보기를 바란다. 내담자들에게 이 작업을 하라고 제안할 때, 나는 검은색 도화지와 크레파스나 파스텔, 템페라 물감이나 젤로 된 펜, 반짝이 풀 등 검은 바탕에 잘 보일 수 있는 재료들을 제공한다. 지시는 간단하다. *"밤에 생각나는 이미지를 그려 보세요."*

캐리는 여섯 살 특유의 열정을 가지고 검은색 도화지를 공략했다. 먼저 작은 귀뚜라미를 그렸다. "밤이면 귀뚜라미 소리가 들려요." 그다음에는 잘 때 자주 껴안고 자는 애완동물 그림이 나왔다. 그림을 계속 그릴수록 캐리는 점점 심각해졌다. 그리고 마침내 괴물 얼굴 두 개가 나타났다. 우리는 전에 그 괴물 문제에 관하여 이야기를 나눈 적이 있었다. 캐리는 괴물들이 숨어 있다가 잠잘 때 나올까 봐 걱정이 되어 자주 깨곤 했다. 괴물의 얼굴은 검은색 도화지와 대조적으로 초록색 네온처럼 빛나 보였고, 입을 크게 쩍 벌리고 있었다.

"괴물들이 어떤 소리를 내는 것 같니?" 캐리는 내 물음에 열심히 으르렁대는 소리로 답했다. "괴물이 소리를 점점 더 크게 질러요. 꼭 엄마, 아빠 같아요. 그 소리가 날 정말 미치게 해요." 밤에 출현하는 괴물 덕분에 우리는 캐리를 밤마다 괴롭히는 것이 무엇인지 그 실체에 가 닿을 수 있었다. 괴물처럼 소리 지르던 부모님의 이혼에 대해 캐리는 화가 나고 두려웠던 것이다. 부모님은 믿고 싶지 않겠지만, 캐리는 그 이상으로 무슨 일이 벌어지고 있는지 알고 있었고 그들에게 화가 나 있었던 것이다.

치료사는 어두운 밤의 공간에서 솟아나는 내담자의 창조물이 지닌 힘이 어떠한지 존중할 필요가 있다. 나는 내담자가 상처 받고 연약한 상태라면, 또는 트라우마에 관하여 이미 알고 다루고 있다면 굳이 밤에 대한 그림을 그리라고 제안하지 않는다.

성폭력과 관련한 문제를 가지고 미술치료 상담을 받던 한 10대 소녀는 아버지에 대한 불온한 상상만으로도 밤에 잠을 설친다고 말하곤 했다. 드디어 어느 날, 그녀는 자신이 본 것을 그리기로 결심했다. 오랫동안 이루어진 우리의 안전한 치료 관계를 통해 그녀는 밤에 본 얼굴을 사실적으로 재창조할 수 있었다. 그녀는 이 강력한 이미지에 말을 걸었고, 자신의 느낌이 어떤지 이야기하였다. 그녀의 목소리가 점차 커지고 분노에 찼으며, 마침내 종이를 쫙쫙 잘게 찢어 버렸다. 이 카타르시스의 순간이 오기까지는 오랜 시간이 걸렸다. 이러한 작업은 안전하지 않으면 할 수 없는 것으로 수개월에 걸친 우리의 관계를 통해서 발전된 것이었다. 그녀는 자신에게 무엇이 필요한지 알게 되었고, 스스로 밤 그림을 그려서 실행에 착수했던 것이다.

꿈이나 악몽은 깊은 두려움이나 억압되었던 분노에 관하여 이야기를 하곤 한다. 그저 중요한 꿈이나 악몽을 그리는 것만으로도 숨겨져 있던 중요한 문제를 향해 마음의 문이 열리기도 한다. 어릴 적 나는 거대한 사자가 크고 깜깜한 집을 휘저으며 나를 찾아다니는 악몽을 반복적으로 꾸곤 했다. 서른 살에 나는 그 이미지를 그리기로 결심했다. 다시 두려움을 느끼게 되면서 나는 어린 시절에 오랫동안 두려움 아래 감추어져 있던 분노의 감정에 대하여 명확하게 알게 되었다. 아이이기 때문에 말할 수 없었던 분노가 있었는데, 표현하는 대신 사자에 대한 악몽의 두려움 속에 숨겨 버렸던 것이다.

내담자가 밤의 두려움과 공포를 드러내고 말을 하게 된 후에는 기존의 무서운 그림을 대체할 새로운 그림을 그리고 이야기할 필요가 있다. *"침대 옆에 어떤 그림이 붙어 있으면 도움이 될 것 같아요?"* 내담자들이 이 질문에 대한 답으로 만들어 낸 그림은 그들의 걱정이나 악몽의 내용만큼 다양하다. 아버지 그림을 그렸던 10대 소녀 내담자는 사람 실물 크기보다 더 큰 수호천사를 그렸다. 우리는 이 작업을 함께 해냈다. 그녀는 그 그림을 침대 머리맡에 붙여 놓았고, 점차 자신이 안전함과 평화를 만들어 낼 수 있다는 사실을 상기할 수 있게 되었다. 이제 그녀는 자신의 악몽을 이길 힘을 가지게 된 것이다.

제8장

고통스러운 이미지 수용하기

_ 내담자에 대한 반응 이미지 그리기

어느 날 사회복지사로 일하는 친구 셀리아가 치료실에 들렀다. 그녀가 담당하고 있는 고등학교의 한 여학생 내담자가 그린 그림을 나에게 보여 주고 싶어서였다. "자화상을 그려 보라고 했는데 이렇게 그렸지 뭐예요." 그림은 계속 보고 있기 어려울 정도였다. 고통으로 일그러진 얼굴에서 슬픈 두 눈이 우리를 응시하고 있었다. 코와 입은 꼬이고 이지러져 있었다. 몸통은 울퉁불퉁하고 마치 허수아비처럼 아무거나 걸친 듯 보였다. 막대기같이 얇은 다리를 더 작은 발이 받치고 있었다.

셀리아는 머리를 저었다. "제가 뭐라고 말해야 할까요? 뭘 해야 되냐고요?" 이야기를 나누면서 나는 그림이 셀리아에게 얼마나 충격을 주었는지 들을 수 있었다. 그녀는 그림을 그린 소녀가 매우 조용하고 오히려 무심해 보이기까지 하는 인상으로, 그림에서처럼 육체적으로 추해 보이지는 않는다고 덧붙였다. 셀리아가 그 여학생이 헤쳐 온 삶의 문제들에 관하여 이야기한 덕분에, 우리는 그녀가 그린 복잡한 이미지를 탐색하는 방법에 대해 이런저런 생각들을 나눌 수 있었다.

문제는 셀리아가 그림을 보고 나서 그로 인한 고통을 여전히 느끼고 있는 것처럼 보인다는 점이었다. "그 애가 자신에 대해서 그렇게 느끼고 있다니 참을 수가 없어요. 밝고 똑똑한 아이거든요. 이 모든 걸 극복할 수 있다고요. 고교 생활이란 삶에서 아주 작은 부분에 불과하다고요. 몇 년 지나면 별 일도 아닌 게 될 텐데." 이야기를 거듭할수록 셀리아가 그 여학생이 아닌 자신의 고교 경험에 대해서 이야기하고 있다는 사실이 명확해졌다. 그래서 그녀가 여학생의 힘든 학교생활에 대해서 동정하는 것이 그리 도움이 되지는 않을 것이라는 데 생각이 모아졌다.

나는 셀리아에게 그림의 어떤 부분에 호기심이 생기는지, 또 무엇을 더 많이 알고 싶은지 물어보았다. 그림으로 돌아가서 호기심을 자극하자 그녀는 이제 이미지와 함께 한동안 앉아 있을 수 있게 되었다. 이러한 방법을 통해서 셀리아는 충격을 받거나 혐오스러워하거나 불쌍히 여기는 대신에 솔직한 관심을 가지고 소통할 수 있었다.

치료로써 돌보는 와중에 내담자들이 자기 자신을 고통스럽게 바라보는 시각을 드러낼 때 우리는 몹시 고통스럽다. 아마도 본능적으로 "아니지요." 또는 "농담하시는 거죠."라고 반응할 것이다. 부모로서 자녀가 "난 바보야." 또는 "난 못생겼어."라고 말하는 것을 듣는다면, 우리는 모성의 힘을 동원해서 어떻게든 그 해로운 말을 막기 위해 고군분투

할 것이다. 지난번에 이사하면서 나는 말 그대로 '추하고' '바보 같은' 이라는 말이 난무하는, 열세 살 때의 낡은 일기장을 우연히 발견했다. 그토록 자기 혐오감이 컸던 어린 소녀를 생각하고, 게다가 나도 여전히 그 소리에 흔들리고 있음을 인정해야 한다니 슬프다.

내담자인 여학생의 삶에 담긴 고통스러운 자화상을 통해서 셀리아 자신이 개인적으로 건드려진 것은 아닌지 의심스럽다. 그녀는 그림 안에 담겨 있는 내담자의 강렬한 감정이 걱정스러웠을 것이다. 그러나 오히려 자신의 걱정스러운 마음과 내담자를 보호하고 편안하게 해 주고 싶은 욕구를 담을 더 강력한 장소가 필요하지 않았나 싶다.

내담자에게 자화상을 그려 보라고 하기 전에 나는 치료사로서 그림을 그리고, 그림에 담긴 복잡한 인생 이야기와 자아상에 민감해지려고 노력한다. 안나는 템페라 물감을 집어 드는 동안 분홍빛 머리칼을 헝클고 딱딱 껌 씹는 소리를 냈다. 작업하는 내내 그녀의 몸짓은 "재수 없어."라고 항변하는 것처럼 보였다. 그녀가 영어 수업 시간에 바닥에 책을 내동댕이치는 무례한 행동으로 방과 후에 남아 벌을 받자 아버지가 고집해서 치료를 시작했다. 이번 달에만 열 번씩이나 남아서 벌을 받았던 것이다. 나는 그녀가 몰두하고 있는 '나쁜 소녀'라는 이미지에 호기심이 생겼다.

나는 그녀의 그림에 적잖이 놀랐다. 종이 위에서 머리가 둘 달린 뱀이 몸부림치고 있었다. 혀를 쉴 새 없이 날름거리고 눈은 섬뜩하게 타오르고 있었다.

"이게 나예요. 밀워키의 미스 조울증!"

그녀는 우쭐대는 것처럼 보였다. "모두가 그렇게 보죠. 안나, 너 미쳤니? 안나, 밤엔 잤어? 안나, 너희 선생님이 또 전화하셨더구나." 그녀는 나의 반응에 신경을 쓰는 눈치였다.

"지금부터 너를 좀 소개해 볼래? 이 뱀으로는 잘 모르겠는데."

안나는 두 눈을 이리저리 굴리며 "그럼요."라고 낚아채듯 말했다. "이미 여기 세 번이나 와 본 걸요." 내가 그녀를 '조울증 환자'로 보지 않고 말을 한 것이 그녀로서는 당황스럽게 느껴진 것 같았다.

나는 "그거 말고 너에 대해서 더 말해 줄 게 없니?" 하고 물어보았다. 사실 안나 같은 청소년은 나 정도 나이의 사람들에게는 골치 아픈 내담자이다. 그러나 그녀는 나에게 중요한 사실을 환기시켜 주었다. 그녀의 행동이 통제 불능 상태였기 때문에 지금 여기서 나를 만나고 있는 것이 아닌가. 그래서 나는 확신을 가지고 재차 물었다. 머리가 둘 달린 뱀은 그녀가 조울증을 재치 있게 묘사한 것일 뿐이며, 내가 경험한 그녀는 훨씬 더 위대하다고 믿었다.

안나가 그림을 그리고 있는 동안 나도 그녀에 대한 반응 그림을 그리고 싶었다. 여느 때는 그렇게 한다. 그런데 그날은 오후 내내 피곤했다. 그래서 대신 그녀의 작업을 지켜보았다.

캐시 문은 목격자 역할의 하나로 치료사가 미술 작업을 활용하는 것이 얼마나 가치 있는 일인지와 관련하여 다음과 같이 언급한 바 있다.

> 첫째, 지켜보는 것은 내담자를 안심시킬 수 있는 방법의 하나가 될 수 있다. 내담자가 한 작업에 대해서 느끼고 관찰한 것을 치료사가 반영해 주

면 내담자는 인정이나 승인, 또는 이해받은 것 같은 체험을 하게 된다. (Moon, 2002, p. 214)

문은 치료 과정에서 치료사가 내담자에게 거울의 역할을 제공하는 기회에 관해서도 말했다. *"내담자들은 타인이 자신을 감지하는 만큼 자신을 이해하는 기회를 얻게 된다."*(2002, p. 214)

그러나 안나의 초상화를 그릴 기회를 장점으로 활용하지 못했기 때문에 나는 단순하지만 말로 해야 했다. 똑똑하고 재미있고 에너지가 충만한 이 숙녀의 인상에 대해서 표현할 수 있는 그림의 이점을 살리지 못한 것이다. 그녀가 "젠장."이라고 말한 것을 기억한다. 그러나 회기의 끝 무렵 치료 공간에서 서로가 훨씬 더 가깝게 느껴졌다는 것이 생각난다. 자화상에 추악한 것들이 등장할 수도 있을 것이다. 그렇더라도 거기에 전적으로 동의할 필요는 없다.

자화상 작업을 할 때 가장 다루기 어려운 반응 중의 하나는 내담자들이 더 젊은 자신이나 내면 아이와 마주치는 시점을 지켜볼 때이다. 20대 초반의 스티븐은 어린 시절의 문제를 열심히 다루고, 자기 자신을 어떻게 더 잘 돌볼 수 있는지 배우고 있었다. 갓난아기 시절의 스티븐을 그려 보라고 하자 그는 별 저항 없이 순순히 따랐다. 이윽고 강보에 싸인 분홍빛 뺨의 포동포동한 신생아가 나타났다.

스티븐은 곧바로 자신의 그림과 이야기하기 시작했다. 처음에는 아주 부드러운 목소리로 아기에게 지난 세월과 아기가 겪었을 슬픈 경험에 관하여 사과했다. 계속 이야기하던 그가 보이지 않는 부모님을 부르기 시작하자 말하는 톤이 점점 거칠어지기 시작했다. 그는 부모님에게 화가 나서, 왜 어린 스티븐을 그렇게 다루었는지 설명해 달라고 요구했다. 말하는 동안 눈물이 뺨을 타고 흘러내렸다. 이윽고 검은색 크레파스를 들고 아기 그림 위에 문질러 버렸다. 그러고는 그것을 발기발기 찢어 버렸다. 스티븐은 미술을 통해 그러한 카타르시스를 경험하면서 이해심이 더욱 깊어졌다. 나 역시 그렇게 특별한 순간을 보게 될지 몰랐다. 때로는 어떤 지점에서 미술 작업이 내담자를 촉진시키는지 안다고 믿는 내가 조금은 바보 같다고 느껴질 때도 있다. 나는 결코 알 수 없다. 스티븐이 바로 그 강력한 증거가 아니겠는가.

물론 자화상 작업을 할 때 볼 수 있는 모든 이미지가 뒤숭숭한 것은 아니다. 그러나 평소 내가 상정하고 있던 부모의 형상과는 달리, 괴물로 살짝 위장하여 순진한 희생자들을 해치는 부모의 모습도 볼 수 있었다. 여기저기 피가 낭자하다. 또한 아주 어린 아이들이 성적인 대상으로 유린당했다는 사실을 확인하기 위해 그림을 그리도록 했을 때 그들의 이미지가 성적으로 기괴하게 표현된 것을 수없이 보았다. 이 작업을 어떻게 이어 가야 할까? 이런 상황에서 아이들을 육체적으로 구출해 내기 위해서는 어디서부터 손을 대야 할까?

미술치료사들은 치료사로서 특별히 대리적으로 겪는 트라우마의 잠재적인 영향에 대하여 꼭 이해할 필요가 있다. 우리는 내담자의 트라우마에 관하여 말로 들을 뿐만 아니라 내담자의 미술 작품에서 그 상징을 보게 된다. 설사 내담자가 자신의 체험을 시각적으로 드러내고 말로는 표현하지 않는다고 할지라도, 우리는 그 그림과의 연결을 계속 잃지 않는다. 우리는 특별히 '시각적으로 사고하는' 경향이 있기 때문이다. 그리고 우리는 형태와 선, 색, 모양에 민감하며 본 것을 잘 기억한다.

대리적인 트라우마란 내담자의 트라우마적인 요소들과 공감적으로 연결된 결과, 치료사의 정신에서 발생된 '내면적 변형'이라고 할 수 있다(Rosenbloom, Pratt & Pearlman, 1999). 미술치료사들은 이 트라우마적인 요소들과 너무 깊이 결합되는 경향이 있다.

내 경험에 비추어볼 때, 우리는 자신을 먼저 돌볼 필요가 있다. 특히 좋은 동료 지지자와 전문적인 임상감독, 일 외적으로도 의미 있는 삶을 구축하는 것은 실제로 적극적인 자기 보호를 훈련하기 위한 노력에 모두 도움이 되는 주제이다. 명상이나 기도, 믿음을 주는 공동체에의 참여와 아울러 운동, 건강에 좋은 음식의 섭취, 충분한 수면 등을 통해 육체적인 욕구를 챙기는 일 또한 중요하다. 다른 분야의 전문가들과 교류를 하는 데 적극적으로 참여하고, 음악이나 문화, 육체적인 활동의 이점을 활용하는 것도 좋을 것이다. 웃음 역시 중요하다.

내가 경험한 가장 강력한 치유의 순간은 내담자의 트라우마 작업을 지켜본 후에 나 자신의 작업을 할 때 찾아온다. 어려운 회기가 끝난 후 나 자신의 그림을 그릴수록 훨씬 나아지는 것 같다. 때로는 그날 본 특정한 이미지에 대한 반응 그림을 의도적으로 그리기도 한다. 그림을 그리기 시작하자마자 색이 움직이는 대로 따라서 몸을 움직이다 보면 무아지경에 빠지는 때도 있다.

어떤 이미지가, 어떤 내담자가, 또는 어떤 이야기가 나와 함께하게 될지 전혀 예상할 수 없다. 시간이 갈수록 그저 많은 그림이, 이야기가 쌓일 뿐이다. 미술이나 시 또는 작업 일지를 통해서 작업대 위에 나의 반응을 풀어 놓는 일이 나에게도 필요한 만큼 내담자를 위해서도 반드시 필요하다고 믿는다.

제9장

트라우마를 지닌 내담자의 고통 다루기

_ '치료 여정 중의 나' 그리기

우리 딸 그레이스는 어렸을 때 특이한 말버릇이 있었는데, 이야기의 두서와 상관없이 중간에 뚝 잘라서 자신이 흥미 있는 시점이나 지점에서 이야기를 시작했다. 하고자 하는 이야기에 대한 생각이 있는 것은 분명했지만, 그 생각을 아무 지점에서나 뚝 잘라서 들려주고 싶어 했던 것이다. 나는 수없이 그레이스의 말을 중단시키고 누가, 무엇을, 언제, 어디서, 왜 그랬는지에 대해서 말하라고 압력을 주기도 했지만 허사라는 것을 깨달았다. 그리고 마침내 인내심을 갖고 어린 내담자에게 충분히 귀 기울일 때만이 이야기가 돌고 돌다가 제자리를 찾으면서 무슨 말인지 알아들을 수 있게 된다는 사실을 절감하게 되었다.

일종의 트라우마를 겪은 내담자들과 작업할 때도 이와 같이 접근하는 것이 좋다는 사실도 점차 깨닫게 되었다. 내담자의 이야기는 시작될 필요가 있는 데서 시작된다는 믿음도 배웠다. 아마도 이야기는 트라우마 사건이 벌어진 후로 수년간 '잠들어 있던' 괴로움이나 또는 트라우마가 벌어진 그날의 짙은 하늘 색깔처럼 깊은 우울감으로 시작될지도 모르겠다.

다른 종류의 문제를 가지고 온 내담자와 비교해 트라우마를 겪은 내담자의 경우에는 어떤 이야기를 시작하라고 격려하기보다 우리가 서로를 어떻게 알아 갈 것인가에 훨씬 더 관심을 쏟는다. 나는 어떤 내담자에게든 받아들여진다는 느낌, 즉 인간으로서의 가치와 중요성을 지니고 있다는 신념을 전해야 한다고 믿고 있다. 내담자가 트라우마 사건이나 오래된 개인적인 상처 때문에 치료의 길에 들어섰을 때, 우리가 그들을 한 인간으로서 따뜻하게 긍정적으로 인정하고 진정으로 존중하는 마음을 비춰 주는 것이 급선무라는 사실을 발견했다. 나의 관심이 총체적인 인간 자체에 있음을 알리는 일이 매우 중요하다는 것을 깨달았으며, 내담자 한 사람 한 사람에게 다양한 어려움 속에서도 자신의 여정을 이끌어 나갈 힘과 중요한 재능이 여전히 남아 있다고 확신한다.

해그우드는 자신의 책에서 성폭력을 당한 내담자들과 했던 미술치료 작업에 대하여 다음과 같이 언급한 바 있다.

> 생존자들은 치료사가 자신을 보호해 줄 수 있는 사람인지 아닌지를 재빨리 알아차린다. 성폭력에서 살아남은 이들에 대한 전적인 수용이야말로 치료의 가장 기본이다. (Hagood, 2000, p. 36)

작업을 통해서 나는 성폭력을 당한 내담자들이 특히 자신이 진정으로 환영받는지 아닌지 그 미묘한 차이에 대하여 민감하다는 사실을 알게 되었다. 그들은 치료사인 내가 자신들과 함께 그들의 기억과 이야기를 견뎌 줄 수 있는지, 그리고 특히 현재보다 미래에 고통이 덜해질 것이라는 가능성을 보고 싶어 하는지에 관한 현실적인 증거를 찾는 경향이 있다. 제안하고 싶은 치료적인 원칙이 있는데, 치료사는 희망과 긍정적인 기대감을 촉진시킴으로써 내담자의 잠재력에 더 많이 집중하는 일을 잘해야 할 것이다(Hubble, Duncan & Miller, 1999).

치료사로서 우리의 기대야말로 함께할 작업에 대해 내담자가 어떻게 이해하는가의 정도를 좌우하는 역할을 할 것이다. 트라우마를 겪은 내담자들은 대부분 현재 자신의 욕구나 필요, 희망은 잘못된 것으로 고쳐져야 한다는 생각에 젖어 있다. 그들은 자신이 망가져 버렸다고 말하곤 한다. 나는 정신과 마음, 그리고 육체가 처절하게 망가져 버린 내담자들을 많이 본다. 내담자의 타고난 전체성과 자신을 치유하려는 잠재력에 대한 이해와 더불어 미래의 건강에 대하여 우리가 기대감을 갖는 것이 중요하다. 해그우드에 의하면, 그들은 자신이 결코 잘못되지 않았음에도 불구하고 스스로를 '하자가 있는 상품'으로 인식하고 있다(Hagood, 2000, p. 79).

자신이 엄마가 치료실에 데려다 놓고 가 버린 열 살 먹은 아이라고 상상해 보자. 엄마가 차로 큰언니는 축구 연습장에 내려 주었고 여동생은 무용 수업에 데려다 주었다. 이제는 아이 차례이다. 뭔가 나쁜 일이 생겼기 때문에 아이는 치료를 받아야 한다. 그렇지 않다면 축구를 하거나 춤을 추었을 것이다. 아마도 그날 치료가 줄 수 있는 최고의 선물은 이런 것일 터이다. 치료사로서 그 아이를 만나 함께 시간을 보내면서, 아이로 하여금 자신이 여전히 온전하고 재미있으며 똑똑하고 좋은 사람이라는 느낌을 갖게 하는 것이다. 앞으로 몇 달 동안 함께하는 작업과정을 통해 아이는 자신의 삶을 이야기하고 이미지와 대화를 나누게 될 것이며, 작업이 쉽지는 않겠지만 희망을 갖고 상처의 영향력을 점차 줄여나갈 것이다. 이야기는 그 자체로 상처 주위를 맴돌 필요가 있는 것 같다. 미술은 색과 형태로 이루어진 풍성한 상징 속에 숨겨진 삶의 취약한 단면과 접촉하고 도전하게 한다.

벨린다는 남편과 함께 신나게 휴가를 보내는 바닷가의 그림으로 이야기를 시작했다. 이야기는 바닷가에서 시작해서 마지막 다툼이 시작된 뒤뜰로, 그리고 세 아이들에게 별 의미도 없이 소리를 질렀던 거실로 옮겨 갔다. 또다시 감정적으로 폭발하고서 느낀 혼란스러움으로, 그리고 정색해서 성관계를 거부했던 침실로 옮겨 갔다. 이러한 여정은 그녀로 하여금 지금이야말로 수년 전에 삼촌이 자신에게 한 짓에 관하여 누군가에게 이야기해야 할 시점임을 깨닫게 해 주었다.

제이크도 처음에는 결코 열 수 없었던 큰 문 그림으로 시작했는데, 점차 문 뒤에 있는 괴물을 그린 다음, 그 괴물이 밤에 자고 있을 때 자신에게 덤벼드는 상황으로 진척되었다.

칼의 이야기는 농장에서 일어난 사고로 잃어버린 엄지손가락 이미지로 시작되었다. 그러나 곧 아버지가 자신을 못마땅하게 바라봤던 어린 시절의 기억으로 거슬러 올라갔다.

이러한 내담자들과 작업할 때를 떠올려 보면 이 작업은 확실히 '옆에서 걷기'라는 느낌이 든다. 가끔은 잠시 멈추고 나 자신에게 이 여정에 관하여 질문을 한다. 지금 방향을 선택하고 있는 사람이 누구인지, 그리고 그 길이 안전하게 느껴지는지에 대해서 말이다. 내담자와 함께하는 '치료의 여정 위에서' 자기 자신이 어떤지 그림을 그려 본 적이 있는가? 이것은 그려 볼 만한 가치가 있는 이미지이다. 그 이미지에 대하여 이야기 나눌 때 활용할 수 있는 좋은 질문은 다음과 같다.

- 길이 어떻게 보이는가?
- 길은 지금 어디로 향하고 있는가?
- 도중에 감지되는 위험은 무엇인가?
- 여정을 이끌고 있는 사람이 있는가?
- 길을 따라가다 보면 어디선가 도움을 주는 사람이나 지지의 표지가 나오는가?
- 당신은 거기에 있기를 원하는가?

내가 즐겁게 임상감독을 했던 이사벨은 대학원을 막 졸업하고 치료를 처음 시작한 괜찮은 심리치료사였다. 그녀는 일에 대한 열망과 에너지로 꽉 차 있는 사람이었다. 그러던 어느 날 아침, 나를 찾아온 그녀는 몹시 지쳐 보였다. 그녀는 치료 팀이 함께 작업하는 가족 중의 한 어머니와 개인치료를 하고 있었다. 그 어머니는 힘든 삶을 살았으며, 정신건강 면에서도 복잡한 문제를 지니고 있었다. 이사벨은 지쳐 있었다. "무엇을 해야 할지 더 이상 모르겠어요. 뭔가 함께하기로 뜻을 모았고 그녀가 시도하기로 했는데 오히려 반대로만 하고 있어요. 실패한 것 같고 다 장난 같아요." 그녀는 소파에 푹 꺼진 듯 앉았고, 눈물이 뺨을 타고 주루룩 흘러내렸다. "내가 지금 무엇을 하고 있는지 모르겠어요."

조금 더 이야기를 나눈 후, 나는 이사벨에게 지금 내담자와 함께 걷고 있는 여정에 대한 그림을 그려 보라고 제안했다. 이사벨은 미술치료사가 아니었지만 그 시점에서 기꺼이 무엇이든 해 보고 싶어 했다. 그녀는 어둡고 좁은 길이 가파른 절벽으로 나 있는 이미지를 급하게 그렸다. 내담자는 이사벨보다 한 발짝 앞서 있었고, 이사벨은 그녀의 팔을 한 손으로 잡고 매달리며, 그녀가 절벽에서 떨어지려는 것을 가까스로 막고 있었다. 다른 손은 손전등을 들고 있었다. "이사벨, 이 상황을 보는 것만으로도 나 역시 지치는 것 같군요."

이사벨의 반응 그림이 특별한 것은 아니다. 새로운 치료사들이 내담자가 절벽에서 굴러떨어지는 것을 막기 위해 얼마나 자주 이런 역할을 자처하는지 모른다. 그래서 우리는 그림과 실제 치료적인 관계 둘 다에 어떻게 도움을 줄 수 있는지에 관하여 많이 다루었다. 특히 내담자에게 손전등을 주는 아이디어에 대해서 의견을 나누었다. 이사벨은 내담자가 손전등을 들고 간다고 믿을 수 있었을까?

내담자가 정말로 절벽에서 떨어지고 싶어 한다면 그렇게 하도록 내버려 두는 것에 대해서도 생각해 보았다. 만일 떨어지는 절벽 아래에 매트가 놓여 있거나 따뜻하고 멋진 호수가 있다면 어떨까? 아마도 그림에는 그 여정에서 좀 더 지지적인 사람들이 필요할 것이다. 숲 속 요정들이라면? 우리는 어떤 이미지를 덧붙일 것인가에 관하여 이야기 나누면서 웃게 되었고, 이사벨은 내담자와의 관계를 바라보는 다른 시각이 있을 수 있다는 것을 이해하기 시작했다.

무엇이 치료적인 관계를 효과적으로 만드는 변수인가 연구해 본 결과, 내담자가 치료사와 강한 유대감을 느끼는 시점이라는 것이 분명해졌다(Murphy, 1999). 미술치료에서 우리는 내담자들이 미술을 통해 그 유대감을 체험적으로 이해하도록 도울 수 있다. 브루스 문(Bruce Moon)은 자신의 미술 작업과 치료실의 강력한 연결감에 관하여 감동적으로 묘사하고 있다. 그는 우리 치료사들이 왜 진정으로 미술 작업을 해야 하는지 의문을 품고 거기에 답하고 있다. 그 일부는 다음과 같다.

> 우리가 미술 작업을 하는 것은 반응적으로 상호 작용을 하기 위해서이다. 또한 영적인 훈련의 한 방법을 터득하고 영혼을 창조하는 데 참여하기 위함이기도 하다. 결국 우리는 타인 그리고 우리 자신과 진정한 관계를 형성하기 위하여 미술 작업을 한다. (Moon, 2003, p. 19)

일종의 트라우마를 겪은 내담자들과의 관계에서 볼 때 진실함보다 더 중요한 것은 없다고 나는 믿는다. 우리의 말과 행동에는 내담자들과 기꺼이 함께하고 싶다는 진정성이 담겨 있어야 하지만 내담자들이 느끼는 경험의 깊이에 대해서 우리는 부분적으로만 인식할 수 있다. 인턴 치료사가 내담자에게 "당신의 고통을 나도 느껴요."라고 말하는 것을 듣고 싶지 않다. 그래서는 안 된다. 나도 역시 그럴 수 없다. 우리는 단지 그 고통을 목격하고 듣고 싶어 하며 또 이해하고 싶어 할 뿐이다. 오직 내담자만이 진정으로 그 고통을 느낄 수 있다.

내담자와 나란히 미술 작업을 하는 가운데 아주 감성적인 목격자 역할을 발휘할 때가 있다는 것을 알게 되었다. 이러한 면이 발휘될 때, 나의 미술 작업에 드러난 진실함과 그림에 노출된 수용적인 마음이 내담자들로 하여금 정중하게 환영받는다는 느낌이 들도록 하는 것 같다. *물감을 환영하고, 종이를 환영하고, 깊은 자기표현을 환영하고, 당신의 이야기를 담을 안전한 이곳에 온 것을 환영한다!*

미술치료를 전공하는 학생들은 "나는 그렇게 못해요. 미술 작업에 몰입하다 보면 내가 무얼 하고 있는지 모르게 되는걸요."라고 말하곤 한다. 누군가가 미술 안에서 무아지경이 된다는 것이 무슨 뜻인지 잘 이해할 수 있다. 미술 작업을 하면서 무아지경이 되는 경험은 정말로 하나의 선물이다. 나는 그런 초월적인 순간에 너무나 감사한다. 미술 안에서 무아지경이 되는 것은 독특하고 깊이 있는 체험이다. 회기 중에 치료사로서 미술 작업을 할 때도 깨어서 현재의 '관찰자'로서의 역할을 지키는 능력을 계발할 수 있다고 믿는다.

그런 미술 작업에 어떤 가치가 있을까? 여전히 타인을 위해 존재하면서도 나의 미술 작업을 하는 것이 가능할까? 내가 해 본 바로는 미술 작업을 하는 순간은 어떤 순간이라도 가치가 있다. 물론 내담자 옆에서 미술 작업을 할 때 내 자신이 '길을 너무 잃도록' 놔두지는 말아야 할 것이다. 미술 작업을 하면서도 내담자가 지금 무엇을 하고 있는지에 채널을 고정시킬 필요가 있다. 이것은 마치 차 안에서 책을 CD로 듣는 것과 같은 느낌이다. 좋은 이야기 듣기를 즐기긴 하지만 운전자로서 해야 할 일에 대해서는 명백히 인식하게 되지 않는가. 만일 이야기의 진정한 맛을 경험하고 싶다면 집에서 혼자 책을 읽으면 된다.

나는 내담자 옆에서 작업하는 동안 형태와 색을 가지고 새롭게 시도하다 보면 엄청난 만족감을 느끼게 된다는 사실을 발견했다. 미술 작업을 어떻게 하는지 시범을 보이면서 창조의 과정을 통해 나의 열정을 내담자와 나누는 것이 크레파스를 들고 즉흥적인 몸짓을 하는 것만큼이나 단순한 일이 될 수 있을 것이다.

“그런데 내 그림에서 뭔가가 느껴져요.”라는 반대의 소리도 들린다. 그렇다. 그 뭔가는 바로 치료사인 당신을 위해 생긴 것이다. 미술은 솔직하고 진실하며, 당신의 이미지들은 틀림없이 특별한 의미를 지녔을 것이다. 새로운 사랑을 시작한 행복감이나 좀처럼 사라지지 않는 슬픔을 비춰 주고 있는지도 모른다. 아니면 고통스러운 상황을 시각적으로 재확인시키고 있는 것일 수도 있다.

어느 날 오후, 나는 하늘을 그리다가 아름다운 파란색 구름에 대해 탐색하고 있었다. 어느 순간 그 구름들이 어떤 형태를 갖기 시작하더니 파란색 그릇으로 변했다. 몇 년 전에 그린 파란색 빈 그릇의 이미지는 점점 불행해져 가는 나의 결혼 생활을 상징화한 것이었다. 그런데 다시 그릇을 보니 누군가가 내 목을 조르는 것 같은 느낌이 들었다. 눈물이 맺히려는 찰나, 내 자신에게 “다음에….”라고 속삭였다. 그리고 속으로 혼자 있을 때 그릇으로 돌아오겠노라고 약속을 했다. 하늘의 다른 부분들을 조금 살펴본 다음에는 주로 내담자를 관찰했다. 그녀의 이미지에서 자라나고 있는 커다란 나무에 집중하기 시작했다.

미술은 너무나 강력해서 좀처럼 예상하기가 힘들다. 구름을 색칠한 것은 충분히 안전한 생각이었다고 본다. 그러나 그 순간에 도사리고 있는 위험성에 대하여 이해하기 때문에 나중에 그 내용이나 의미로 되돌아가는 데 동의할 수 있으며, 그림에서 불안감이 느껴지는 선이나 모양, 형태 등에 우선 작별 인사를 하는 것이 가능하다고 생각한다. 언어 상담에서 내담자의 말에 귀 기울이는 동안 우리 머리를 떠다니는 기억이나 생각 같은 것들을 알아차릴 수 있을 것이다. 그러나 우리 자신의 문제에서 벗어나 현재 내담자의 문제에 초점을 맞출 수 있을 것이며, 혹시 우리 문제를 노출할지 선택하는 문제에 관해서도 지혜를 발휘할 수 있을 것이라고 믿는다.

내담자가 파란색 빈 그릇이 무엇을 의미하는지 물었을 때, 나는 거짓말도 과장도 하지 않았다. 그저 공허했던 경험에 관한 것인 것 같고, 나중에 좀 더 시간을 가지고 생각해 봐야겠다고 설명했다. 이처럼 특별한 노출의 순간을 내담자의 치료적인 문제와 연결시키기로 하지는 않았지만, 치료사의 이미지를 내담자의 중요한 문제에 이르는 치료적인 다리의 역할로 삼는 일은 가능하다.

대학원 2년차 학생인 에밀리는 담당 가족 전체가 치료에 참석하도록 하기 위해서 방문 미술치료를 하고 있었다. 한 회기 중에 가족들이 미술 작업을 하고 있는데 느닷없이 할머니가 심장 발작을 일으켰다. 에밀리는 부모가 구급차를 부르는 동안 아이들을 보살폈다. 다행히 할머니는 무사했고 다음 날 병원에서 퇴원할 수 있었다.

그다음 주에 가족들이 다시 모여 미술 작업을 하는데, 에밀리는 지난 주에 얼마나 두려웠는지에 대한 그림을 그렸다. 그 순간 마치 그녀가 가족들을 향해 요술 방망이를 휘두른 것과 같은 상황이 벌어졌다. 갑자기 이미지나 대화가 더 솔직한 어조로 바뀌었고, 가족 모두가 마음을 열고 어떻게 느꼈는지 나눌 수 있었다. 할머니는 상세하게 기억할 수는 없었지만 꽤 위협적이었다고 말했다. 어머니는 자기 어머니가 돌아가실까 봐 얼마나 겁이 났는지 이야기했다. 막내 아이는 배에서 느껴졌던 강력한 검은 기운을 그림으로 그렸다. 에밀리의 솔직한 미술 작업 덕분에 가족들이 솔직하게 마음의 문을 열 수 있었던 것이다. 때로는 그 문이 너무나 오랫동안 닫혀 있어서 처음에는 왜 닫혀 있는지조차 알아차리지 못하는 내담자들도 있다.

단지 지켜보기만 하는 것이 내담자의 미술 과정에 가장 적절한 순간도 있다. 어떤 내담자들은 치료사의 관심을 받는다는 느낌을 깊이 알아차리기도 한다. 기본적으로 내가 주의 깊게 집중하기 때문에 내담자들은 치료적으로 안아 주는 공간이 존재하는 것처럼 느끼는 것이다. 어떻게 해야 안전한지 알 수 있는 가장 좋은 방법은 단순히 질문을 하는 것이다. "당신 옆에서 나도 그림을 그리거나 당신이 그림 그리는 동안 그저 옆에 있을 거예요. 어느 쪽이 더 편안하게 느껴질 것 같아요?" 치료사는 내담자를 보호한다는 마음을 가지고, 그 순간 가장 적절한 '치료의 그릇'이 되어 내담자의 어떤 선택도 담아낼 수 있어야 한다.

제10장

치유적 변화 격려하기

_ 흑백 그림 그리기, 신체 본뜨기, 비주얼 저널 만들기

재니는 신선한 봄바람을 안고 치료실로 들어섰다. "오늘은 엄마가 같이 오고 싶어 했어요." 재니는 열한 살로 이웃 소년에게 성폭행을 당해서 치료를 받게 되었지만 나와 함께 치료 작업하는 것을 즐거워했다. 우리가 만난 지도 일곱 달 가까이 되었다. 재니의 엄마, 캐런의 얼굴에 뭔가 근심이 서려 있었다. 무슨 일이냐고 묻자, 그녀는 즉시 지난 토요일 밤에 재니가 친구 집에서 자면서 노는 '잠옷 파티'를 했다는 이야기를 시작했다. 아이들이 비디오를 빌려 봤는데 성적인 내용이 많이 담긴 영화였다고 한다. 재니는 저녁 내내 괜찮았으나 그다음 날부터 다시 성폭행에 대한 생각이 난다고 거듭 말했다는 것이다.

캐런은 성폭행 문제가 재니의 마음에 얼마나 남아 있는지, 그리고 재

니가 그것에 대해 더 이상 생각하지 않을 수 있기까지는 얼마나 걸릴지 궁금해했다. 재니는 좀 당황스럽다고 말했다. "나쁜 생각들이 없어졌으면 좋겠는데 어쩔 수 없는 순간에 다시 떠올라요. 어젯밤에도 그랬어요. 욕조에 앉아 있는데 아랫도리가 좀 간질간질한 느낌이 들기 시작했거든요." 재니와 나는 그동안 그 사건에 대해서 이제는 '편안해졌다'는 사실에 관하여 이야기를 나눈 적이 여러 번 있었다.

캐런은 소파에 앉아 많이 망설이는 눈치였다. "혹시 아이가 아직도 그 사건에 대해서 많이 생각할까 봐 너무나 걱정이 돼요." 이윽고 그녀는 웃으며 자리에서 일어서더니 아이와 내가 작업할 시간을 주고 싶다고 말했다.

재니는 당혹스러워 보였지만, "이제는 그렇게 많이 생각하지 않는데요."라고 말했다.

나는 화장지가 들어 있는 큰 상자와 흰 종이 묶음을 꺼내 왔다. "네가 생각하는 것을 그림으로 그려 보자. 즐거운 일, 화나는 일, 학교나 친구에 대한 것, 그리고 성폭행 사건 들이 있잖아. 생각에 맞는 색깔을 각각 하나씩 골라 보렴." 그리고 화장지에 풀을 먹여서 천처럼 만들고, 젖은 천에 어떻게 그림을 그릴 수 있는지 보여 주었다.

재니는 명암과 질감을 종류별로 아주 다양하게 하여 위쪽부터 색상의 층이 생기도록 만들 수 있다는 것을 곧바로 알아차렸다. 작업을 마친 뒤 재니는 자신의 그림을 정말 마음에 들어 했다. 옅은 노란색 얼룩과 함께 터키석과 라벤더 색의 소용돌이가 서로 대조를 이루고 있었다. 여기저기 다른 색들 사이에 작고 검은 얼룩들도 흩뿌려져 있었다. "이 노란 부분이 가장 마음에 들어요. 밖에 나가서 자전거 타고 놀 때를 생각했거든요.” 재니는 검은 점을 가리키면서는 자신의 머릿속에 여전히 ‘나쁜 기억’이 가끔씩 번뜩인다고 말했다. “그래도 그렇게 자주는 아니에요. 9월 달에 그림을 그리라고 했다면 온통 검은색이었을걸요.”

재니는 엄마를 다시 치료실로 불렀다. 우리는 검은 얼룩이 머리에 남아 있는 것이 지극히 정상이라는 사실에 관하여 이야기를 나누었다. 캐런은 그림에서 밝은 부분들을 보고 좋아했다. 그러면서 그 검은 것들이 영원히 사라지기를 원했던 자신의 마음을 재니와 나눌 수 있었다. 재니는 스스로 터득한 지혜를 가지고 엄마에게 말했다. 검은 점들이 있지만 이제는 그것들과 함께 살 수 있다는 사실을 깨닫게 되었고, 또 그것이 그렇게 많지도 않다고 말이다.

치유적인 이미지는 이러한 작업의 놀라운 선물이다. 때로는 이미지가 오랫동안 기다려 온 좋은 소식과 함께 다가온 특별한 메신저로 느껴지기도 한다. “당신의 내면 아주 깊은 곳에서 왔답니다. 모든 것이 다 좋아질 거예요.” 숀 맥니프(Shaun McNiff)는 도움을 주는 메신저이자 지지자, 관찰자, 안내자 역할을 하는 그림에 관하여 논의하고, 이미지와 대화하는 훈련을 자연스럽게 강화해 나가다 보면 이러한 그림의 역할에 대한 이해가 생기면서 이미지와의 교류가 가능하다고 언급한 바 있다(McNiff, 1992).

어느 날, 바버라는 검은색과 흰색 물감만을 가지고 그림을 그리기로 했다. 검은색은 자기 자신에 대한 깊은 진실을 상징하며, 흰색은 ‘약한 부분’이었다. 그녀는 사람들이 대부분 자신을 약하게 본다고 느끼고 있었다. 작업 과정에서 섞이고 합쳐진 것을 상징하는 회색 음영이 아름답게 나타났는데, 그녀는 이것이 바로 세상에 자신을 드러내는 더 솔직한 방식이라고 믿었다. 그 후에 그녀는 차 열쇠를 보관하는 곳 근처에 그림을 붙여 놓았다고 말했다. 아침마다 세상을 향해 나가기 전에 한 번씩 쳐다볼 수 있도록 말이다.

흑백 그림을 그리는 것은 매우 강렬한 체험이 될 수 있다. 흑백 그림을 통해 우리는 '흑백'에서 무엇이 느껴지는지에 대하여 충분히 다룰 수 있다. 탐색을 해 나감에 따라 회색 음영에 대한 인식도 높아질 것이다. 회색 음영은 우리 앞에 닥친 많은 문제들 안에 존재하는 것 같다. 회색에 다른 색이 섞이는 걸 피하고, 색이 분리된 채로 있도록 하기 위해서 분투하는 내담자도 있을 것이다. 아니면 회색이 견고해지고 마치 안개처럼 모든 것을 에워싸 버리는 것처럼 보일 때까지 두 가지 색을 겹쳐 칠하고 섞는 내담자도 있을 것이다.

중요한 치료적인 발견은 내담자가 기꺼이 회색 안으로 들어갈 때 이루어진다. 마침내 안개가 걷히는 때야말로 영광의 순간이 될 수 있을 것이다. 혹은 안개를 몰아내고 밝은 하늘빛으로 될 때까지 느리게 움직이는 회색의 과정에 더 가까울지도 모르겠다. 내담자들에게 경험적인 그림은 지금 그들이 어디에 서 있는지를 보여 주는 이정표이자 견인차의 상징물이 되는 것 같다.

치료에서 이러한 단계에 적합하다고 느껴지는 경험적인 미술 기법의 하나는 신체 본뜨기이다. 나는 이 기법을 사용하는 데 관심이 많은데, 이를 위해서는 작업을 안전하게 품어 줄 수 있을 만큼 견고하게 수립된

치료적 관계가 요구된다. 실물 크기의 그림을 그리는 일에 부딪히면 내담자가 침착성을 잃거나 심지어 믿을 수 없을 만큼 고통스러워할 수도 있어서 조심스럽다.

열 살 난 소년 마크는 그림에 나타난 자신의 앙상한 팔다리를 보았을 때 자기 자신을 돌보는 일에 대한 온갖 종류의 두려움이 치밀었다. 마흔셋의 여성 레지나는 처음 본뜬 몸을 보더니 울음을 터뜨렸다. 그래서 나는 치료사나 사회복지사, 교사 들이 이러한 체험을 가볍게 활용했다는 소리를 들으면 화가 난다. 이 미술 체험의 잠재적인 효과성을 최대한 인식하기 위해서는 치료사 자신이 먼저 이 작업을 해 봐야 한다.

1. 자신의 키보다 적어도 15센티미터 이상 큰 종이를 준비한다.
2. 누워서 누군가에게 자신의 몸을 따라 그려 달라고 부탁하거나 할 수 있다면 직접 그린다.
3. 좋아하는 재료로 본뜬 몸의 안을 채운다.
4. 육체적 · 감정적인 고통을 보내거나 지니고 있는 곳을 찾아 그리거나 색을 칠한다.

상대적으로 건강하고 자기 인식을 잘하는 대학원생들에게 이 작업을 하도록 제안했는데, 그 결과를 나누는 동안 반 전체가 술렁거렸다. 자신의 몸 크기와 같은 그림과 함께 앉아 있는 동안 우리는 몸이 존재한다는 것을 통해 자신의 몸을 인식하고, 몸에서 통증이 느껴지는 곳이 어딘지 볼 수 있었다. 내담자들에게 이 작업을 제안하기 전에 자신이 직접 경험해 봄으로써 이 체험이 얼마나 강력한지 인식할 필요가 있다. 카타르시스의 잠재력을 실감하게 되고, 치유적인 잠재력 또한 접하게 될 것이다.

굳이 자극하지 않아도 내담자들은 고통을 시각적으로 다루기 위해서 무엇이 필요한지 선명하게 느끼고 인식하는 경우가 많다. 그림을 지우거나 찢는 단순한 절차가 치유 의식(儀式)으로 발전되는 것을 목격한 적이 있다. 말 그대로 찢겨졌던 심장이 다시 꿰매지고, 성대의 소리를 막고 있던 검은 장애물이 사라지며, 눈물이 빛으로 전환되는 것도 보았다. 또한 자랑스럽게 건강하고 성숙된 이미지를 만들어 내는 사람들도 있다.

신체 본뜨기 그림을 치유적인 여정 중에 일어나는 변화를 알려 주는 시각적인 공간으로 활용하는 내담자들이 많다. 한 젊은 여성은 그림이 점차 시각적으로 성적인 인간의 모습으로 발전하는 데 두려움을 느끼기는 했지만, 본뜬 자신의 몸에 가슴과 음모를 당당하게 그려 넣음으로써 진정한 여성으로 변화되고 있다고 말할 수 있었다.

이 작업을 한 번 이상 하게 되면 신체 본뜨기가 저널, 즉 작업 일지 같은 것으로 발전될 수 있다. 저널은 인식과 감정, 감각 등에 어떤 변화가 일어났는지를 기록하는 공간이 될 것이다. 일반적으로 저널은 다양한 치료 현장에서 두루 쓰인다. 이미지를 중심으로 한 저널은 특히 함께 작업하는 동안 우리가 지나온 세월을 돌아볼 공간이 필요할 때 도움이 된다. 이 저널이라는 공간은 우리가 지나온 곳을 함께 돌아봄으로써 여전히 더 가야 할 필요가 있는 곳에 대한 계획을 세우는 데 알맞다.

한 어린 내담자의 저널은 자신이 만든 육아 일기로까지 발전했다. 슬프게도 위탁 가정을 전전하다 보니 자넬에게는 생애 첫 4년 동안의 기록이 아무것도 없었다. 여덟 살이 된 자넬은 위탁모가 새 여동생을 위해서 육아 일기를 작성하는 것을 보고 몹시 슬퍼했다. 그래서 우리는 아이의 비어 있는 과거를 미술로 채워 넣기로 결정했다. "내가 아기였을 때 어땠을 거 같아요?"라는 질문이 자넬에게 매우 중요한 문제가 되었다.

우리는 자넬의 눈동자가 밤색이기 때문에 자넬이 태어났을 때 모든 사람들이 다 알아봤을 것이라고 생각했다. 자넬과 나 둘 다 밤색 눈망울의 아기 자넬을 그렸다. 나는 아기가 웃는 모습을 그렸다. 지금 자넬은 굉장한 유머 감각을 지니고 있기 때문이었다. 자넬은 적극적이고 활발한 여덟 살 소녀로, 추측컨대 신생아일 때도 활발했을 것이다. 그래서 자넬은 자신이 두 살 때 집 주변을 뛰어다니는 그림을 그렸다.

우리는 자넬이 좋아하는 것, 싫어하는 것에 대하여 생각나는 것들을 동원해서 적절한 시기에 그려 넣었다. 풍선껌 아이스크림을 매우 좋아하기 때문에 다섯 살 그림을 그릴 때는 제일 좋아하는 맛이 섞인 커다란 아이스크림콘을 먹고 있는 장면을 함께 그렸다. 자넬은 공원에 가는 것을 참 좋아했다. 그래서 우리는 자넬이 밝은 빨간색 그네를 타고 하늘을 나는 장면을 그렸다.

우리가 안다고 생각되는 조각들을 맞추어 조합한 공동 작업 덕에 자넬은 자신이 '잃어버린 시간들'이라고 이름 붙인 시기에 대한 슬픔과 좌절감을 표현할 기회를 갖게 되었다. 또한 이 작업을 통해서 자넬은 자신이 누구인지 이해하는 데 도움이 되는 감동적인 기록을 갖게 되었다. 자넬은 마침내 자신의 육아 일기를 위탁모와 나눌 수 있었다. 우리는 자넬의 창작물을 아이가 미래에 만나게 될 새로운 가족들과 함께 희망에 대해 터놓고 이야기할 수 있는 통로로 활용하였다.

새로운 관점에서 자신을 이해하게 된 내담자들이 치료 전의 자기 이해와 연계하여 이 치료 작업을 평가하는 것은 중요해 보인다. 종결 직전에 치료를 끝내는 것에 대한 초조한 두려움을 피할 수 있는 방법의 하나로 이 작업을 충분히 하게 되면 '다음에는 무엇을 할지' 계획을 세우는 여유를 가질 수 있다. 우리가 함께하는 동안 만들어 낸 미술 작품들은 아름다운 치유의 기록이 될 수 있다. 이 놀라운 시각적 기록물을 재점검하는 일을 마지막 회기까지 미루게 된다면 소중한 기회를 잃게 될지도 모른다. 미해결 과제를 알아챌 수 있도록 돕는 그림의 진실성을 활용할 기회 말이다.

03

이별을 향하여

제11장

내담자에게 종결의 책임감 갖게 하기

_ 이별 이미지 그리기, 여행 지도 그리기, 자아상 그리기

그림을 그리면서 관계를 시작하는 일이 흔치 않은 것처럼 미술 작업을 통해 치료적인 관계를 종결하는 일 역시 낯선 과정이라고 말할 수 있다. 자신의 삶 속에서 끝난 관계를 한번 떠올려 보자. 죽음이나 이혼, 이사로 인한 것이든 상호 합의하에 이루어진 것이든 대부분 관계의 종결은 언제나 불안정하다. 마치 문이 닫히는 것처럼 급작스럽고 강력하게 빨리 끝나 버리는 관계가 있다. 그런가 하면 저녁 하늘이 점점 어두워지는 것처럼 점차 소극적으로 되다가 은근히 사라지는 관계도 있다. 이혼이나 이사처럼 종결이 정해진 관계라면 아마도 끝내기를 원했는지 이해해 보려는 시도조차 수반되지 않을 것이다. 종결 안에는 충격이나 배신의 요소가 들어 있는 경우가 종종 있다.

관계를 끝낸 자신의 경험과 다시 연결될 수 있는 좋은 방법의 하나는 "안녕!"이라는 말을 떠올릴 때 마음에서 어떤 변화가 일어나는지 미술 작품을 만들어 보는 것이다. 나는 대학원생들에게 그들의 내담자와 첫 종결 작업을 생각하기 전에 "안녕!"이라는 말과 자신을 깊게 연결시켜 보라고 제안한다. 표면적으로 볼 때 그림이 슬프고 후회와 상실감으로 가득한 것은 당연한 일이다.

내가 희망적으로 생각하는 것은 "안녕!"이 우리에게 어떤 의미인지를 의식함에 따라 건강한 헤어짐을 만들기 위해서 어떤 요소들이 필요한지를 이해할 수 있게 된다는 점이다. 내담자와 미술적인 반응 그림을 나눈 후에, 치료적인 관계의 맥락에서 어떤 요소들이 건강한 헤어짐을 가져올 수 있겠는지 탐색해 보자고 제안했다. 내 경험에 의하면 다음과 같은 요소들이 포함된다.

- 어느 정도로 융통성 있게 진행할 것인지 소요 시간에 대한 합의
- 남아 있는 시간 동안 함께 무엇을 할 것인가에 대한 감각
- 미술 작업을 포함하여 그동안 했던 치료적인 여정 재검토
- 종결 후 활용할 수 있는 사회적인 자원에 대한 아이디어

종결 기간에 해야 될 몇 가지 결정은 치료사가 일하는 기관의 정책이나 가이드라인의 영향을 받기 때문에 어디에서 일하고 있는지에 달려 있다. 때로는 첫 회기를 진행하면서 치료 계획에 어떤 종결 계획을 포함시킬지 고려해야 하는 기관들이 있다. 또 다른 곳에서는 시작부터 치료

기간이 아주 견고하게 세워져 있을 수도 있다. 그러나 되도록이면 치료사와 내담자가 함께 마지막 시간이 어땠으면 좋을지에 대한 합의를 이룰 수 있으면 좋겠다. 그것이 어떨지는 전적으로 여전히 함께 가야 할 필요가 있는 곳이 어디냐에 달려 있다.

확실히 나는 치료적인 관계에 대하여 생각해 보기 위해서 여행의 상징을 폭넓게 활용한다. 여행의 끝에 관한 이야기가 시작되면 내담자에게 어떤 길이 보일 것 같은지 그려 보라고 제안하는 것이 좋다. 특히 여행에서 다루어야 할 문제들이 아직도 어렴풋이 존재하는지와 관련해서 말이다. 이와 관련된 그림을 그리라고 제안할 때, 나는 '우리가 가 본 적이 없는 곳의 지도'를 그려 보라고 안내한다.

때로는 우리가 가 본 적이 없는 곳이 이미 가 본 곳과 아주 가까이 있는 경우도 있다. 예를 들면, 바버라는 자신의 지도 중간에 폭발한 것처럼 보이는 불을 그렸다. 그 불은 아버지에 대한 분노였다. 이미 분노의 맥락에서 다른 관계들을 탐색해 본 적이 있긴 했지만 그것은 아니었다. 다른 내담자의 경우도 폭포 그림을 그렸는데 앞으로 논의해 봐야 할 부분이었다. 그러나 그녀는 폭포 아래 있었던 모난 바위들이 그동안 우리가 함께했던 치료 과정을 통해서 이미 많이 깎여졌다는 것을 느낄 수 있었다고 말했다.

이 시점에서 그림에 예상보다 더 크고 중요한 뭔가가 들어 있을 가능성도 있다. 한 청소년은 찰흙을 가지고 지도를 만들었다. 그는 특별한 나무 덤불이 걱정된다고 이야기하면서 덤불에서 으르렁대는 소리와 함께 험악한 눈초리의 괴물을 들어 올렸다. 그 괴물을 보고 깜짝 놀랐다고 말하자, 그는 우리의 마지막 작업을 위해서 그것을 아껴 두었다고 했다. 그는 치료의 마지막에 멀리 떨어져 살고 있는 자신의 형에 대한 이야기를 하길 바랐다. 그 문제는 이미 우리가 불안과 관련하여 중심적으로 탐색했던 것인데, 그는 그 작업 덕에 훨씬 더 안정감을 느끼고 있다고 했다. 찰흙 괴물에 대하여 이야기하는 동안 우리 둘 다 예정된 이별의 시간에 적응해야 한다는 사실이 훨씬 더 명확해졌다.

내담자의 작품이 미해결 과제를 보여 준다고 하더라도, 이제 내담자는 치료적 관계를 종결하는 것에 다가설 수 있는 통제감을 부여받는다. 이러한 통제감은 내담자가 그 전의 어떤 관계에서도 느껴 보지 못했던 것이다. 선행 학습을 통해서 내담자는 자신의 욕구에 부합할 수 있도록 격려를 많이 받았기 때문에 버려짐이나 상실에 대한 잠재적인 자극을 최소화할 수 있게 된다.

내담자가 종결 과정에 대하여 부정적으로 반응하는 경우, 과정을 점진적으로 운용할 수 있다면 그 고통이나 분노에 관하여 함께 작업하는 시간을 갖는 것이 좋다. 종결이 예정되어 있긴 하지만 치료적인 관계를 통해서 친밀감의 수준이 더 높아지는 경우가 많다. 이러한 친밀감은 내담자가 그 전의 어떤 관계에서도 경험해 볼 수 없었던 것이다. 그런 관계에서 자발적으로 빠져나가야 한다는 것은 매우 어려운 일일 수 있다. 그래서 그런 감정이 참아 내기 힘들 정도로 심하게 들면 마지막 회기를 '까먹었다'고 하면서 조급하게 관계를 정리하려는 경우도 있다. 숙박 프로그램이나 일일 프로그램에서 과도한 행동을 하거나 마지막 작업에 참여하기를 거부하는 내담자들도 있다. 이들은 모두 뭔가에 자극을 받아서 일어나는 강렬한 감정을 다루는 일을 피해 보려는 것이다. 그런 경우 오히려 나는 반드시 내담자들을 만나야 한다고 고집하는 편인데, 그래야 이 말을 할 수 있기 때문이다. *"이 말을 꼭 해야 할 것 같아요. 당신이 보고 싶어질 거예요. 그리고 나 역시 당신과 헤어지는 것이 슬프네요."*

내담자가 치료적인 관계를 어떻게 바라보는가에 따라서 내가 내담자에게 '안녕'이라고 말하는 뉘앙스가 다르게 들릴 것이다. 만일 치료적 개입만 거듭된 것이 아니고 진정한 협력 관계가 되었다면, 내담자는 자신의 성과와 치유에 훨씬 더 강한 책임감을 갖는 위치에 서고 싶어 하는 것처럼 보인다.

특별히 의미가 컸던 미술 경험을 재검토하는 일은 이미 일어난 변화나 치유를 시각적으로 인식하는 계기가 될 수 있다. 내담자들은 아마도 치료의 첫 주에 수정 구슬 그림을 그렸을 것이다. 만일 함께 작업하는 과정에서 내담자 자신이 누구인지, 그리고 진정으로 자신이 원하는 일이 무엇인지 이해가 바뀌었다면 미래에 대한 그림을 새로 그리는 일이 중요하다.

'자아상 그리기'는 아무리 반복해도 매번 흥미롭다. 내담자의 새로운 통찰이 자기 자신에 대한 생각에 영향을 미치기 때문이다. 다른 그림과 비교해 보고 얼마나 바뀌고 변화했는지 그 증거를 알아볼 수 있다. 내담자는 같은 주제에 대한 다른 '변주' 그림들을 비교해 보면서 자신이 이루어 낸 중요한 일을 확인할 수 있을 것이다.

물론 변화하지 않는 것들도 있다는 사실을 발견할 수도 있다. 케이는 치료의 종결을 앞두고 현재 자신의 내면 상태가 어떠한지 만다라 그림을 한 장 더 그렸다. 우리는 그것을 전에 그린 만다라와 비교해 보았다. 만다라의 밑 부분 회색 선들 위에 여전히 불행해 보이는 청개구리가 도사리고 앉아 있었다. 우리는 둘 다 그 청개구리가 누군지 알고 있었다. 자존감이 훨씬 더 높아졌고, 또한 좌절감과 분노 감정이 어디서 비롯되었는지에 대한 새로운 통찰도 가능해졌지만, 그녀는 양아들과의 관계에서 좀처럼 만족감을 얻을 수가 없었던 것이다. 양아들 토드와 별 문제가 없는 것처럼 보였고, 관계에 있어서 감정적으로 한 발 뒤로 물러서기로 결심했음에도 불구하고, 그녀는 여전히 좌절감을 느끼고 있었다. 우리는 한동안 이 이미지를 다루었다. 심지어 두 그림의 개구리가 서로 말하도록 시키기도 했다. 결국 그녀는 마음에 안 드는 이 파충류를 만다라에서 제거하기 위해서는 시간이 좀 필요하다는 결론을 내렸다.

케이가 떠난 다음, 개구리의 우울한 좌절감과 같은 심정이 내 안에 있으며, 그것을 들여다보고 있는 나를 발견했다. 정신을 차리고 보니 전화를 받는 동안 넋을 놓고 찰흙을 가지고 놀고 있었다. 전화를 끊고 나서 내가 케이와 그녀의 남편, 개구리를 아주 작게 만들었다는 사실을 깨달았다. 그리고 개구리를 아주 작은 찰흙 상자에 안전하게 담기 시작했다. 그 순간 불현듯 생각이 스쳐 지나갔다. 아, 내가 아주 간절히 케이의 '해피 엔딩'을 바랐었구나! 그녀를 위한다고 토드를 상자 안에 넣은 것은 바람직한 치료적 반응이 아니었겠지만, 그래도 기분이 확실히 좋아졌다.

제12장

종결에 대한 치료사의 자기 반영적 평가하기

_ 치료의 그릇 만들기, 셀프 북 만들기

나는 언제나 민담이나 동화, 신화가 좋다. 구조화된 그림 그리기만큼이나 이 이야기들은 나를 다른 세계로 인도하여 인간의 경험을 새로운 방식으로 이해하도록 돕는 것 같다. 종결의 이슈에 대해 생각해 볼 때면 슬라브 민담을 인용하는 것을 좋아한다. 아이가 없어서 눈으로 눈사람 아이를 만든 늙은 부부의 이야기이다(Evetts-Secker, 1996). 아이는 생명을 얻게 되었고, 그들은 평화롭고 매우 행복하게 살았다. 어느 날 아이가 녹아서 없어질 때까지. 우리는 눈사람이 그렇게 되리라는 것을 내심 잘 알고 있다.

눈사람은 우리가 내담자와 작업하는 것에 대한 훌륭한 은유인 것 같다. 우리는 치료적인 관계를 만들기 위한 작업에 많은 시간을 투자한다.

우리는 관계에 혼신을 다해 몰입하지만, 또한 이 관계가 끝날 필요가 있다는 것도 알고 있다. 끝을 봐야만 하는 그런 관계상 한계가 있는 것이다. 치료적인 관계가 수년간 지속되는 경우도 있기는 하지만, 경험상 대부분의 치료 세팅에는 시간 제한이 있다. 그러므로 눈사람이 녹았다고 해서 계속 슬퍼하고만 있을 수는 없다. 그동안 훌륭한 작업을 해냈고 발전이 이루어졌다는 이해가 서로 공유될 때 내담자나 치료사 모두에게 종결이 큰 의미로 다가설 것이다.

솔직히 말해서 별다른 이유 없이 종결이 좋게 느껴질 때도 있다. 아마도 내담자는 그저 치료 과정에서 벗어날 필요가 있었을 것이다. 그럴 때는 치료가 잠정적으로 끝났다고 볼 수 있다. 아마도 거기에는 우리의 인간적인 한계를 인정하면서 치료사와 내담자가 함께 계속 가기는 어렵다는 무의식적인 이해가 있었을 것이다.

내담자와 치료 작업을 종결한 후에는 우리 스스로가 치료 관계에서 자신에 대해 그리고 치료적인 과정에 대해 무엇을 배웠는지 심사숙고해 보는 시간을 갖는 것이 확실히 도움이 될 것이다. 저널이나 시, 그림, 조각, 심지어 춤을 통해서도 관계에 대한 우리의 본질적인 반응을 알아챌 수 있다. 때때로 나는 나 자신에게 재집중하기 위한 명상 방법으로 다음과 같은 형식을 활용한다.

1. 찰흙을 편안함을 느낄 정도로 작은 양을 떼어 내어 손에 쥔다.
2. 조용하고 부드러운 음악을 튼다.
3. 눈을 감고 손으로는 찰흙을 만지면서 자신의 호흡을 의식한다. 나

는 주로 작은 그릇을 만든다. 과정 중에 자연스럽게 멈춰지는 순간이 있을 것이다.

4. 작은 그릇을 선반 위에 올려놓고 말린다. 나는 이 그릇을 관계의 은유로 생각할 때가 있다. 그리고 무언가에 가졌던 애착에서 자유로워지기 위하여 그냥 거기에 둘 때도 있다.

치료사들은 치료 관계가 종결에 이르렀을 때 자신의 작업을 돌아보는 경향이 많다. 치료가 어땠는지 되돌아볼 수 있는 적절한 기회인 것 같아서 자기 반영적인 평가의 시간을 가질 것이다. 그러나 이러한 평가 작업을 어떻게 해야 하는지에 관해서는 배울 수 있는 기회가 흔치 않았던 것으로 나는 알고 있다. 가족치료 팀의 일원으로 일한 적이 있는데, 종결의 순간 그간의 작업을 돌아보는 일을 꽤 잘했던 것 같다. 그들은 어떤 면에서 성공적이었는지, 그리고 다른 방식으로 시도할 수는 없었는지 등에 대해서 이야기를 나누었으며, 유능하고 헌신적인 치료사였다고 서로를 따뜻하게 격려했다.

그러나 개인치료의 경우에는 평가에 도전하는 일이 좀 더 어렵다고 할 수 있다. 운 좋게 훌륭한 임상감독을 받게 되었다면, 치료사는 정말로 무슨 일이 벌어졌는지 알아보기 위해 밤늦도록 치료 계획을 뚫어져라 살피는 자신을 발견하게 될 것이다. 사실 좋은 작업이었음을 확인하기 위해서 치료 계획을 살펴보는 것은 결코 최선이 아니다. 치료 계획은 확실히 우리가 어디로 가고자 생각했었는지 말해 주긴 하지만, 그렇다고 해서 가장 의미 있는 치료 순간을 반영한다고는 볼 수 없다.

혹시 내담자가 자신의 경험에 대하여 뭐라고 할지에 기대를 걸고 있는가? 무슨 말을 듣기를 바라는가? 우리는 은근히 내담자들로부터 치료 작업을 통해서 처음 치료실에 찾아왔을 때 짊어지고 있었던 그 문제에서 자유로워졌으며, 건강하고 행복한 삶을 향해 앞으로 나아갈 힘을 얻었다는 말을 듣기 원한다. 그러나 아마도 그런 소리는 듣지 못할 것이다. 대신 치료가 얼마나 힘들었는지에 대해서 듣게 될 것이다. 또한 근본적인 문제들은 이제 모두 변화되거나 고쳐졌지만 또 다른 삶의 문제들이 나타나면 얼마나 힘들지에 대해서 듣게 될 것이다. 물론 내담자의 새로운 생각이나 변화에 대하여 부모님이나 배우자가 어떻게 반응하는지도 들을 수 있을 것이다. 우리는 치료적인 여행을 지지한 것인가, 아니면 판도라의 상자를 연 것인가?

나는 내담자와 함께한 치료 작업이 끝나고 나면 다음과 같이 간단한 질문 네 가지를 생각해 보면서 나 자신에게 질문을 던지는 것이 아주 가치 있다는 사실을 깨닫게 되었다.

- 온전히 내담자를 위해 존재했는가, 열린 태도를 취했는가, 도움이 되었는가?
- 이 내담자를 생각하면서 자신의 문제나 이슈에 걸려들지는 않았는가?
- 필요한 만큼 충분히 임상감독을 받았는가?
- 이 관계를 통해서 무엇을 배웠는가?

다시 말해, 내담자와 했던 작업을 살펴봄으로써 치료사로서의 역할에 대하여 우리 자신이 어떻게 이해하고 있는지와 관련된 평가적인 질문들을 음미해 볼 필요가 있다. 만일 우리가 통제의 욕구를 가지고 치료 공간에 왔거나, 또는 우리가 관계에 있어서 변화의 주도자이거나 내담자의 문제에 대하여 고차원적인 지식이 있어서 진정한 답을 줄 수 있다고 믿는다면, 치료 결과와 관련해서 비판을 더 많이 받을 것임에 틀림없다. 만일 내담자가 '잘되도록' 개입하거나 일종의 지시적인 치료 계획을 신뢰한다면, 이러한 치료사는 치료의 성공이나 실패에 대하여 좀 더 책임감을 느껴야 할 것이다.

은유(예컨대 눈사람)라는 관점을 가지고 치료 여정을 되돌아보는 것은 매우 중요하다. 내담자와 치료사가 그동안 '걸어온 길'에 관하여 서로 책임감을 가질 수 있을 때라야 협력적인 상호성 안에서 치료적 과정이 발전적이었는지 부족했는지가 비로소 드러날 수 있을 것이다. '실패한' 치료란 없다. 단지 우리가 생각했던 대로 길을 걷지 못했을 뿐이다. 그러나 길을 따라 걷다가 몇 가지 흥미로운 '잡동사니'와 우연히 만나게 되었다. 미술치료에서는 이 '잡동사니'에 주목한다.

치료 초기의 작업을 되돌아볼 기회를 갖고 그 이점을 활용해도 좋은데, 그러기에 적절한 때는 종결에 대하여 고려하기 시작하는 시점이다. 치료의 최종적인 끝은 새로운 시각을 갖게 되는 또 다른 발견의 순간이다. 로버트는 치료 작업을 거의 마칠 즈음 만 16세가 되었다. 나는 그와 1년 반 동안 개인치료와 가족치료에서 만났다. 그러다 보니 되돌아봐야 할 작품이 엄청나게 많았다. 그중에서 몇 개는 사라지고 없었는데 로버트의 침실 깊숙한 곳에 숨겨진 것 같다. 아마도 그가 느끼기에는 폐기 처분되어야 할 것들이었을 것이다. 그래도 봐야 될 작품이 여전히 많았다. 로버트의 가족은 방문 미술치료 대상이었다. 그래서 우리는 가족의 작품들을 긴 식탁 위에 펼쳐 놓았다. 그림 연대기와 또 다른 큰 가족 그림이 소파와 의자 위에 펼쳐졌다.

이미지를 살펴보는 동안 로버트는 평상시대로 치료 공간 여기저기를 뛰어다녔다. 그 덕(?)에 연대순으로 보는 것은 거의 불가능했다. 중요한 미술 전람회의 스타가 된 것처럼 느껴져서인지 로버트는 기쁨에 들떠서 부모님과 나에게 치료 후반부의 작품 몇 가지를 가리켰다. 자신의 미래 계획과 관련된 그림들이었다. 물론 나는 이런 상황이 오기를 기다려왔다. 그리고 로버트가 어떤 미래든 다룰 수 있는 요령을 터득했기 때문에, 나는 회기에 대한 책임을 그가 떠맡도록 은근히 밀어주었다.

로버트에게는 미래가 어떠했으면 좋겠는지에 대한 명확한 이미지와 생각이 있었다. 그는 '정규' 학교로 전학할 가능성이 있다는 데에 흥분했다. 그렇게 되면 여자 친구를 만날 기회도 갖게 될 것이기 때문이었다. 그는 집에서 걸어갈 수 있는 거리에 있는 야채 가게의 저녁 일자리에 이미 지원을 한 상태였다. 이제는 그가 집안일에 협력적이지 않을 이유가 더 이상 없었다. 그러나 작업 초기 그림 중에 접시가 가득한 싱크대 앞에서 전쟁을 벌이며 양아버지와 대치하는 장면을 보더니 크게 웃었다.

그림을 다시 돌아보는 작업 중 최고의 순간은 그의 어머니가 가족의 그림 연대기를 신중하게 살펴보고 있을 때 일어났다. 로버트에게 네가 성질을 부려도 이제 두렵지 않다고 말하는 동안 그녀의 눈에서 눈물이 흘러내렸던 것이다.

내담자와 함께 회기 중에 만든 작품을 재검토할 때, 가장 힘을 많이 받은 미술 작품이 무엇인지 꼽아 보라고 때때로 제안을 한다. 어떤 작업이 강하고 건강하고 행복하고 자신감을 느끼게 만들었나? 나는 그런 이미지들을 상기시켜 줄 미니 북을 만들어 보자고 제안한다(그림 12.1). 책은 두세 장 정도로 얇아서 스테이플러로 찍거나 실로 묶어도 되는, 손바닥만 한 작은 크기가 될 것이다.

| 그림 12.1 | 셀프 북

중요한 것은 내담자에게 좋았던 작업을 시각적으로 상기시킬 수 있는 소재이다. 아침 하늘을 크게 그린 그림에서 가져온 빨간 별은 그 책에서 자신의 새로운 탄생과 희망에 대한 강력한 이해를 상기시키기 위해 재창조될 것이다. 어떤 내담자는 어느 날 변화에 대한 이미지를 그리다가 보여 주었던 '소망 물고기'를 다시 그리는 작업을 선택할 수도 있다.

종결에 대해서 계획적으로 접근하는 것이 중요하긴 하지만, 신중하게 작품을 되짚어 보기 전에 그냥 끝나 버릴 수도 있는 것이 치료의 현실이다. 내담자의 삶은 우리의 삶(때로는 훨씬 더 복잡하고 예측하기 어려울 수도 있다)이 그러하듯 복잡하고 예측 불가능하다. 그리고 갑작스러운 직업의 변화나 질병 또는 이사 등으로 인해 치료가 갑자기 중단될 수도 있다. 이 모든 사건들은 사실상 치료에 가져올 만한 중요한 이슈이다. 특히 아동은 치료에 오고 못 오고를 결정할 책임이 없다.

매튜는 가족의 대격변기에 치료를 시작하였다. 우리는 그가 아버지와 살기 위해서 북쪽 지역으로 이사를 가야 한다는 사실을 알고 있었다. 매튜와 같은 내담자와 작업을 할 때, 나는 '지금 그리고 여기'의 가치에 대해서 분명히 인식하게 된다. 우리가 다시 만날 수 있든 아니든 간에 오늘 하는 작업에 의미가 있다는 것을 믿어야 한다. 이러한 원칙이 지켜지는 곳이라면 예외 없이 어디서든 치료가 이루어질 수 있다.

내일이면 내 얼굴을 잊어버릴 거트가 사는 요양 병원이나, 교통수단이 끊겨 만나지 못하게 된 재스민 가족이 사는 쉼터, 그리고 참석하는 날이 들쭉날쭉한 내담자들과 작업했던 청소년 문화센터 등은 순간적인 미술 작업과 관계의 가치를 발견하기 위하여 치료가 필요하다는 사실을 알려 주는 좋은 예가 될 것이다.

치료의 '서로 알아 가기' 과정과 '헤어짐' 과정이 동시에 일어나는 것처럼 때로는 치료가 한 회기나 두 회기로 끝날 때도 있다. 기회가 순간이라는 인식을 가지고 현재를 지극히 중요한 순간으로 활용할 수 있다면 놀랍게도 깊이 있는 치료도 가능하다. 짧고 제한된 만남 속에서 작업하는 것은 어두워지기 전에 노을이 잠시 강렬하게 빛을 내는 것처럼 오히려 색과 의미를 더 풍성하게 할 수도 있을 것이다.

뉴멕시코로 이사 온 이후로 석양을 더욱더 좋아하게 되었다. 높은 사막과 대조를 이루는 석양의 색깔과 빛의 풍경은 너무나 놀랍다. 처음에는 내가 경험한 것을 붙들어 두기 위해 사진을 찍곤 했다. 그러나 시간이 지날수록 그저 지금 여기에 존재하는 편이 더 낫다는 것을 깨닫게 되었다.

제13장

건강하게 이별하기

_ 늪 이미지 그리기, 지원망 짜기, 작별 선물 그리기

나는 일리노이 주, 동쪽으로 로크 강물이 흘러 들어오는 미시시피 강 접경 지역에서 자랐다. 우리 가족은 미시시피 강으로 물고기를 잡으러 다녔고, 로크 강변에서 스케이트 타는 법을 배웠다. 그러나 그런 강 주변에서 산다는 것은 매년 도전을 맞는 일이었다. 매년 눈이 녹으면 봄마다 비가 많이 내리고 어떤 지역에는 홍수가 났다.

우리 아버지는 잡화점을 운영하면서 재건 활동에도 적극적으로 참여하셨다. 아버지가 모래주머니를 쌓아서 도심을 보호하는 일을 도우러 나가셨던 때가 생각난다. 우리는 범람 지역에 살진 않았지만 차를 몰고 강 수위가 얼마나 높아졌는지, 그리고 쓸려 나갈 위험이 있어서 항상 집을 살펴야 하는 사람들을 보러 갔다. 그때 이런 의문이 들었다. "이 사람

들은 왜 거기 살지? 이런 일이 매년 벌어지는데."

내담자와 종결 이슈를 탐색할 때면 그 예측 가능한 홍수가 생각나곤 한다. 내담자들이 미래에 다시 나타날 것 같은 도전이나 어려운 상황을 미리 살펴보는 데 있어서, 우리가 새로운 반응을 예상하거나 만들어 낼 수 있을지를 보는 것은 도움이 될 것이다.

바버라에게는 추수감사절이 바로 스트레스가 예상되는 시간이었다. 이곳저곳에서 온 형제들이 부모님의 집에서 모였다. 그 가족 관계에 대한 분노가 담긴 그림을 살펴보던 바버라는 훨씬 편안하고 건강해졌다는 것을 느꼈지만, 그들이 다시 모이게 되면 똑같은 가족의 역동이 여전히 벌어지리라는 것도 깨달았다. 우리는 미래에 일어날 다른 가능성들에 관하여 미술 작업을 하기로 결정했다.

우리는 그림을 탁자 위에 올려놓고 각자가 미래를 어떻게 예측했는지 살펴보다가 동시에 웃기 시작했다. 내 작업을 하면서 바버라의 그림을 살펴보았는데, 사람들이 식탁 주변에 모여 있었다. 그러나 그녀가 그림에 마지막 터치를 어떻게 했는지는 보지 못했다. 그림 속에서 그녀는 식탁 가운데에 올라서서 소리를 지르며 승리자의 포즈인 양 한 발로 칠면조 머리를 밟고 있었다. 바버라는 자신의 승리에 크게 웃으면서, 자신에 대한 다소 신랄한 초상화가 되긴 했지만 가족으로 인한 호된 시련에 책임을 지려는 순간이 될 것이라고 설명했다.

그에 비해 내 그림은 훨씬 더 조용했는데, 주인공 바버라가 담요를 깔고 해변에 앉아서 열대의 태양이 지는 모습을 차분하게 바라보는 장면이었다. 그림 뒤쪽에는 내 생각이 적혀 있었다. "당신은 이런 휴가를 선택할 수 있어요."

두 그림 모두 가족과 보내는 휴가의 두려움에서 벗어나 신선한 공기를 들이쉰다는 면에서 닮아 있었다. 매년 홍수가 나는데도 불구하고 강둑에서 살기로 결정한 주민들처럼, 그림은 우리에게 창의적인 선택이 가능하다는 것을 보여 주었다. 바버라는 매년 가족 모임에 나타날 이유를 가지게 된 것이다. 실제로 무엇을 할 것인가에 대한 선택은 확실히 다르지만, 두 그림 안에서 주어진 선택에 대한 느낌은 바버라에게 크게 다르지 않았다. 심지어 우리 둘 다 그녀가 좋아하지 않는 그레이비소스와 크랜베리소스를 뒤집어쓰게 될 가능성도 알고 있기는 했지만, 이제 그녀는 그림을 통해 좀 더 자신감 있는 존재로서의 역할을 생각하게 되었다.

실제로 바버라는 부모님 집에서 보내는 시간을 조금 조정하는 방법으로 가족 휴가에 좀 더 행복하게 참여하기로 결정했다. 그녀는 이제 일찍 가서 준비를 돕지는 않지만 끝난 뒤 정리하기 위해서 좀 더 머물러 있기로 했다. 가족에게 느껴지는 불일치감에서 벗어나기 위한 전략을 생각하고 계획을 세웠는데, 만일 괜찮다고 느껴진다면 휴가 다음 날에도 형제 몇 명과 함께 시간을 좀 더 보내기로 했다.

내담자들은 미술 작업을 통해 다시 재발할 것 같은 문제들을 어떻게 시각화할지 구체화할 수 있다. 내담자들은 다음에 일어날 충격적인 일이나 부모님의 싸움, 또는 외로운 주말을 상상하고 그릴 수 있다. 특별한 두려움뿐만 아니라 새롭게 개발된 삶의 기술에 대한 구체적인 이미지 작업이 도움이 된다고 느껴지면 나는 내담자에게 '늪' 그림 작업을 해 보자고 제안한다.

늪에 대한 아이디어는 입원 환자 병동에서 함께 일했던 재능 있는 레크리에이션 치료사 두 사람한테 배운 것으로, 나는 그들에게서 참 많은 것을 배웠다. 제프와 던은 퇴원을 앞두고 있는 아이들을 돕는 일에 사명감을 가지고 있었다. 그들에 의하면, 경험적으로 볼 때 아이들은 집으로 돌아가면 틀림없이 문제와 다시 대면하고 사투를 벌이게 된다. 동작과 협동 활동, 미술 작업을 통해 아이들은 자신이 예상하는 것을 살펴보는, 그 자체로 가장 큰 도전을 하도록 격려받는다. 늪은 그러한 아이들의

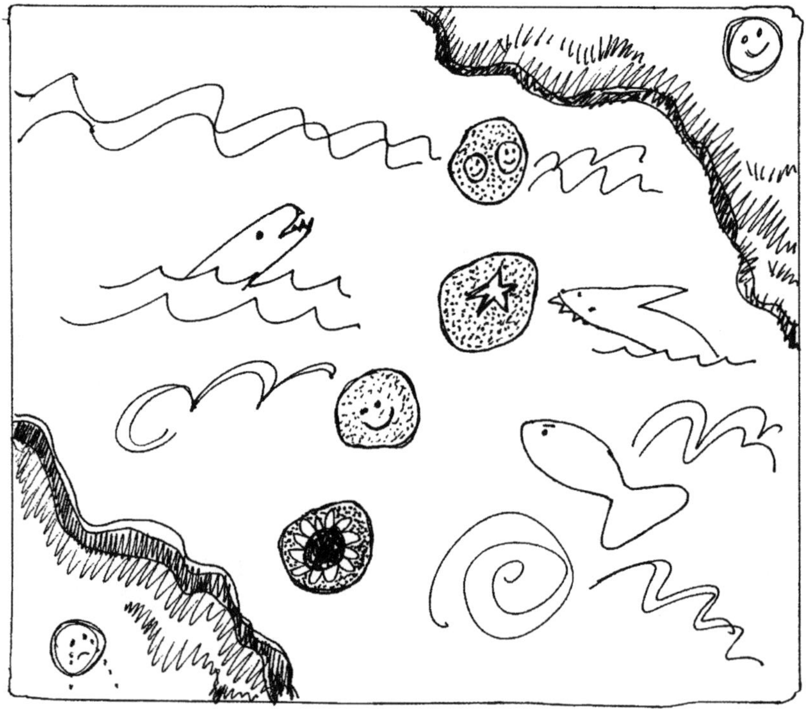

| 그림 13.1 | 늪 그림

작업을 돕기 위해 제프와 던이 개발한 기법이다. 나는 몇 년간 그것을 조금씩 변형시켜 왔지만, 원래 과정이 지닌 깊은 진실성은 여전히 남아 있다(그림 13.1).

큰 종이의 대각선 방향으로 양쪽에 늪의 끄트머리를 그린다. 그리고 한쪽에서 다른 쪽으로 가는 징검다리를 몇 개 그려 넣는다. 나는 내담자에게 늪의 양쪽에 무엇이 있을지 인식하고, 다른 쪽으로 건너가는 데 도움이 된다고 느껴지는 그림이나 말을 징검다리에 그리도록 한다. 물이 흐르는 큰 늪 공간이 있는데, 여기에는 바닥을 알 수 없는 깊은 곳에서 나오는 장애물이나 문제들을 그린다.

안나는 더 이상 자신에게 상처를 입히지 않을 곳에 이르는 데 관심을 가졌다. 징검다리는 그녀를 보호해 줄 것들과 함께, 어려운 시기에 그녀가 기댈 수 있다는 것을 가르쳐 준 사람들의 이미지로 가득 찼다. 나는 그녀에게 아직도 늪에 잠복해 있는 장애물이나 두려움이 무엇인지 그려 보자고 제안했다. 안나는 악어류를 몇 마리 그렸는데, 그중 한 마리는 전설의 '네시호 괴물'과 대적할 만큼 굉장히 컸다. 자신의 이미지에 대해서 이야기하는 동안, 그녀는 징검다리가 그 주변을 둘러싼 두려움이나 이슈들로부터 자신을 지켜 주기에 딱 알맞다고 느꼈다. 그녀는 건강을 향해, 그리고 자신을 잘 보살피기 위한 길이 계속될 것이라는 의지를 자신감 있게 표현했다.

우리는 네시호의 괴물로 상징되는 이슈들에 대하여 남은 회기 동안 몇 차례 다루는 시간을 갖자는 데 동의했다. 지난 몇 달 동안의 작업을 통해서 안나의 가슴속에는 내면적인 힘과 외부적인 지원으로부터 지지

받는 느낌이 꽃이 피듯 극적으로 되살아났다. 마지막으로 남은 회기 동안에는 내담자가 지지적이라고 느끼는 것이 무엇인지 명확히 하고, 어떻게 그 지지적인 것들에 다가가면 좋을지 돕는 일이 중요하다.

'지원망 짜기'의 직조 과정은 얼핏 보기엔 치료 과정과 관련이 없어 보이지만 함께 활용하면 뭔가 색다른 것을 불러일으키는 데 도움이 되는 작업이다. 직조는 힘과 자원, 사람들을 상징하는 지원망의 형태를 만드는 작업으로, 직조된 망은 내담자에게 앞으로 나아가는 데 필요한 것을 자신이 가지고 있음을 시각적으로 상기시킨다.

나는 내담자들에게 아주 간단한 직조를 하도록 한다. 아이들은 길고 가느다란 밝은 종이나 털실, 리본으로 망을 짤 수 있다. 종이 끄트머리에 풀을 발라 딱딱한 종이나 카드보드지에 붙여 주면 된다. 내담자에게 카드보드지를 주고, 이를 이용해 간단한 직조기를 만든 후 털실로 감는 방법을 쓰기도 한다. 직조 방법이나 털실 길이 등은 얼마든지 내담자가 좋아하는 방식으로 하도록 할 수 있다(그림 13.2).

아홉 살 소년 폴은 할머니를 나타내기 위해서 부드러운 보풀이 있는 라벤더 색 털실을 선택했다. 폴은 조심스럽게 짜고 풀고를 반복하면서, 때로는 할머니 집에서 시간을 보내는 일을 비롯하여 방과 후 학교의 새로운 계획에 관하여 이야기했다. 다음에 폴은 작은 막내 몇 개를 가져와 털실 사이에 끼우고 망을 짰는데, 그것은 가끔 밖에서 함께 놀았던 사촌들을 떠오르게 한다고 설명했다.

나는 폴에게 자기 자신에 대해 알고 있는 것이 무엇인지 묻고, 망을 짤 때 넣으면 완성하는 데 도움이 될 것이라고 설명했다. 폴은 한참 동

| 그림 13.2 | 지원망 짜기

안 생각하더니 밝게 빛나는 리본을 집어 들었다. "내가 뭔가에 화가 났을 때, 이제는 엄마한테 말할 수 있어요." 우리는 이것이 그동안 치료 안에서 작업해 온 중요한 힘이라는 데 동의했고, 폴은 리본을 자신의 창작물에 넣고 망을 짰다. 또 종이 위에 '아빠, 아빠, 아빠'라고 쓴 다음 그것 역시 털실과 함께 엮었다. 폴은 조용히 말했다. "내 생각에 이번 여름에 아빠를 만나러 갈 것 같아요."

폴은 이 마지막 치료 작품을 자기 방의 메모판에 붙여 놓기로 결정했다. 폴이 떠나기 전에 나는 책상 서랍에서 돌이 들어 있는 작은 가방을 꺼내어 하나를 선택하라고 말했다. 폴은 매끄럽게 빛나는 초록색 돌을 골랐다. "이 돌을 볼 때마다 그동안 말했던, 네가 가진 힘을 기억했으면 좋겠어. 그리고 이 작은 징글벨 종도 주고 싶구나."

"이 종은 뭐 할 때 써요?"

나는 딸랑딸랑 종을 조금 흔들며 말했다. "이 종은 무언가를 말하는 것이 중요하다는 걸 상기시켜 줄 거야. 너희 엄마는 네가 뭐에 대해서 말하는지 들어 주실 필요가 있잖아."

짧은 포옹 후에 폴은 흥분해서 대기실로 달려가 엄마에게 지원망과 돌 그리고 종을 보여 주었다. 나는 그동안 폴이 작업한 것들을 담은 포트폴리오를 엄마에게 건네주었고, 작별 인사 전에 잠시 이야기를 나누었다.

내 사무실로 돌아오는데 왠지 슬픔이 올라왔다. 나는 폴이 그렸지만 내가 보관하기로 했던 그림을 꺼내 보았다. 내가 찰흙을 가지고 놀고 있는 모습을 우스꽝스럽게 그린 초상화였다. 우리가 함께했던 작품을 보니 기분이 좋아졌다. 그러나 폴과 작업을 잘한 것만큼 폴의 엄마나 할머니가 지속적으로 견고하게 해 줄지 걱정하지 않을 수가 없었다. 그림 속의 내 얼굴을 더 가까이에서 살펴보고 반짝이 풀로 된 머리를 보니 미소가 절로 나왔다.

서로 작은 작품을 교환하는 것은 헤어짐 의식 중의 하나이다. 이 의식에는 내담자의 작품 중에서 중요한 것을 가지고 의도적으로 어떤 작업을 하는 것도 있을 수 있다. 잭은 우리가 무서운 작품을 안전하게 보관하는 곳에서 '장롱 괴물' 그림을 꺼내어 밖에 나가서 그것을 태워 버리고 싶어 했다. 잭의 고통을 상징하는 것이 불꽃 속에서 오그라들면서 사라지는 것을 보고 우리 둘 다 훨씬 더 편안해졌다. 태우거나 파묻거나 부수는 작업을 통해서 우리는 강렬한 자유로움을 느낄 수 있다.

일반적으로 헤어짐 의식은 훨씬 더 부드러운 분위기에서 이루어진다. 작은 그림을 서로 교환하게 될 것이다. 나는 항상 내담자의 미래에 대한 염원을 담은 작은 상징물을 만들거나, 내담자 안에 길러진 긍정적인 자질을 담은 그림을 그려 준다. 이것은 내담자와 나누었던 체험을 시각적으로 되돌아보고 긍정적인 시각을 유지할 수 있는 기회가 된다. 우리가 처음에 시작했을 때와 똑같은 보호와 존중감을 가지고 내담자와의 치료적인 관계를 끝낼 수 있기 때문에 나는 이 작업이 적절하다고 느낀다.

의도를 가지고 계획적이고 건강한 헤어짐을 만들려고 하는 것은, 비록 이제는 서로를 떠나야 하지만 내담자가 존중받고 지지받는 느낌을 계속 유지하는 데 도움이 된다. 마지막 이미지나 말에 충분히 녹아들어 있는 부드러운 진실성은 그동안 함께한 여정을 통해 서로에 대해 알게 되면서 길러진 깊은 이해심에서 나온 것이다. 또다시 여행을 하게 된다면 틀림없이 더 많이 얻을 수 있을 것이다. 종결이 필요한 내담자에게 충분히 집중해 준다면 나도 다른 내담자와 함께 또 다른 여정을 향해 앞으로 나아갈 수 있을 것 같은 생각이 든다.

함께 작업한 그림 중에서 도움이 될 만한 것으로 작은 책을 만들고 싶은지 물었을 때, 애비는 빠진 이를 애교 있게 드러내며 헤벌쭉 미소를 지었다. 애비는 종이가 딱 한 장만 필요하다고 말했다. 나는 애비가 매우 조심스럽게 아주 작은 네모를 그리는 것을 지켜보았다. 우리는 지난 1년 동안 함께 작업하면서 성폭력과 관련된 온갖 어려운 이슈들을 탐색했다. 애비는 내가 너무나 배울 것이 많았던 회복이 빠른 소녀였다. 애비는 "선생님은 이게 뭔지 모를걸요."라고 말하며 그 작은 종이를 나에게 건넸다.

"말해 주렴." 하고 말하자 애비는 "아시잖아요. 궁금하게 하는 게 제 장기인 거."라며 웃었다. 애비는 항상 사실을 빙 돌려서 말한다. 그래서 자신의 그림에 나타난 진짜 이야기는 오직 애비만이 알 수 있다.

애비는 소파에 앉아 있던 나에게 가까이 돌진해 오더니 말했다. 그것은 창문이라고. 나는 분명 당황한 듯 보였을 것이다. *"창문이요. 밤에도 열리는 창문. 나는 이제 두렵지 않아요."* 그녀의 지혜가 부드럽게 다가온다. 창문이 열려 있다!

에필로그

인턴십을 마무리할 단계의 학생들이 빙 둘러앉았다. 제법 상기된 얼굴들이었다. 그들은 웃으며 앞으로도 연락하자고 서로 인사했다. 다음 인턴십에 필요한 서류와 기록물에 대한 점검도 몇 분 전에 이미 마친 상태였다. 그들이 저마다 배우고 일한 것과 관련해서 다음 단계로 나아갈 준비가 되었다고 나는 확신한다. 물론 6개월 전 이들이 임상실습을 시작했을 때만 해도 상황은 아주 달랐다.

이미 언급한 바와 같이, 내담자와 실제 대면하기 전에 학생들은 공통적인 두려움을 보인다. 두려움의 양태는 조금 다르지만 대부분 공백(空白)에 대한 생각과 관련되는 것 같다. 여기서 공백이란 사람들이 창의성을 펼치기를 저어하고 머뭇거리게 하는 하얀 도화지의 빈 공간이 아니라 시간의 빈 공간을 가리킨다. 그 시간이란, 치료사의 정신이 완전히 멍해져서 방 저편의 시계가 마치 멈춰서 움직이지 않는 것처럼 보이는 '가려진' 순간이다. 혹은 내담자가 의견을 묻거나 질문을 했을 때, 뭔가에 홀린 것처럼 적절한 답이 도무지 떠오르지 않는 그런 순간일 수도 있다. 혹은 내담자의 그림을 보고 아무런 말도, 생각도, 반응도 하지 못하는 순간이다.

학생들이 나에게 답을 해 달라고 하는 가장 두려운 순간들을 그들이 아예 마주하지 않기를 바라지만, 그리고 확실히 그러리라고 믿지만, 그렇다고 해서 꼭 그럴 수만 있는 것은 아니다. 그러나 혹 그러한 순간이 오더라도 초보 치료사들에게 그 순간들을 지혜롭게 통과할 수 있을 것이라고 말해 줄 수는 있다. 그들은 다시 숨 쉴 수 있고 땅과 굳건하게 연결된 자신의 다리를 느낄 것이며, 내담자들을 위해서 현존하고자 할 것이다. 현존한다는 것은, 그 어떤 상황에서도 통찰력 있는 조언을 할 준비가 되어 있거나 모든 것에 답할 수 있다는 확신에 찬 표정으로 의자에 앉아 있는 그런 '슈퍼 치료사'를 의미하는 것이 아니다.

비록 그것이 치료의 시작 단계라고 하더라도, 관계 자체는 그 공백의 순간을 순화시킬 수 있을 것이다. 내담자들은 그들이 삶을 느끼는 방식대로 거기 있을 것이며, 그들이 말을 하든 하지 않든 자연스럽게 집중하게 될 것이다. 그리고 미술이 거기에 있다. 아직 그림이 드러나지 않았다면 공백의 순간은 그림을 치료실로 초대할 수 있는 좋은 기회가 될 것이다.

새로운 치료사들이 아주 훌륭한 임상감독자에게 감독받는 일은 축복이라고 나는 알고 있다. 인턴십이나 첫 번째 임상의 가장 큰 선물 중 하나는 들어 주고 격려하며 도전하도록 지지해 주는 감독자를 만나는 것이다. 개방적이고 위협적이라고 느껴지지 않을 때, 임상감독은 그 공백의 순간이나 부적절한 느낌에 관하여 편하게 이야기할 수 있는 최적의 공간이 될 것이다. 실제로 미술치료사들은 조직 안에서, 조직이나 공동체와 치료 이슈에 대해서는 익숙하지만 미술치료에는 너무도 익숙하지 않은 사람들에게 임상감독을 받는 경우가 허다하다. 따라서 정식으로 등록된 미술치료사에게 임상감독을 받는 것이 매우 중요하다. 특히 일하는 곳에서 자신이 유일하거나 첫 번째 미술치료사라면 더욱 그렇다.

우리가 접근하는 방식은 조금 다른 특별한 면모가 있는 것이 사실이다. 정신병동 환경에서 일할 때라도 다른 전문가들로 하여금 미술이 지닌 명확하고 중대한 공명의 소리를 들을 수도 있을 것이다. (그러나 처음부터 원활하게 소통할 수 없을지도 모른다.)

어떤 분야에서 일하는 첫 번째 미술치료사라면 다른 정신건강 전문가들과 전문 용어를 가지고 겨루는 게임을 하거나, 알아듣기 어려운 진단에 대한 정보를 쏟아 내는 게임을 하는 것 같은 시도가 될 수도 있다. 그들이 미술 작업을 하도록 격려할 수 있다면 상황은 훨씬 더 나아질 텐데! 이 바람이 욕심인 줄은 알지만 그 욕망은 제법 정당해 보인다. 나도 우리 사무실에서 일하는 유일한 미술치료사로서 최신 규약의 내 몫에 대하여 끊임없이 어필해야 하는 경험을 해 봤다.

그동안 나는 미술을 신뢰하라고 배워 왔다. 당신은 이 방에서 다른 이들이 가질 수 없는 독특하면서도 융합적인 지식을 가지고 있다. 당신도 미술의 상징과 진실을 신뢰하길 바란다. 당신 역시 공백의 순간을 이겨낼 수 있다는 사실을 믿어라. 그리고 미술이 당신에게 해야만 하는 이야기를 꼭 할 것이라는 사실도 신뢰하라. 지금 당장은 어떤 말도 하지 않아도 좋다. 집으로 돌아가 당신의 그림을 그려라.

참·고·문·헌

Asay, T. and Lambert, M. (1999) "The empirical case for the common factors." In M. Hubble, B. Duncan and S. Miller (eds) *The Heart and Soul of Change: What Works in Therapy*. Washington DC: American Psychological Association.

Bohart, A. and Tallman, K. (1999) *How Clients Make Therapy Works: The Process of Active Self-Healing*. Washington DC: American Psychological Association.

Evetts-Secker, J. (1996) *Mother and Daughter Tales*. New York: Abbeville Press.

Hagood, M. (2000) *The Use of Art in Counselling Child and Adult Survivors of Sexual Abuse*. London and Philadelphia: Jessica Kingsley Publishers.

Homrich, A. and Horne, A. (2000) "Brief family therapy." In A. Horne

Family Counseling and Therapy. Itasca: Peacock Publishers.

Hubble, M., Duncan, B. and Miller, S. (eds) (1999) *The Heart and Soul of Change: What Works in Therapy*. Washington DC: American Psychological Association.

Liebmann, M. (1986) *Art Therapy for Groups: A Handbook of Themes, Games and Exercises*. Cambridge: Brookline Books.

McGoldrick, M. and Gerson, R. (1985) *The Genogram in Family Assessment*. York and London: W. W. Norton & Company.

McNiff, S. (1992) *Art as Medicine: Creating a Therapy of the Imagination*. Boston and London: Shambhala.

Moon, B. (2003) *Essentials of Art Therapy Education and Practice*. Springfield: Charles C. Thomas.

Moon, C. (2002) *Studio Art Therapy: Cultivating the Artist Identity in the Art Therapist*. London and Philadelphia: Jessica Kingsley Publishers.

Murphy, J. (1999) "School-base change." In M. Hubble, B. Duncan and S. Miller (eds) *The Hearts and Soul of Change: What Works in Therapy*. Washington DC: American Psychological Association.

Ringgold, F., Freeman, L. and Roucher, N. (1996) *Talking to Faith Ringgold*. New York: Crown Publishers.

Riley, S. (1994) *Integrative Approaches to Family Art Therapy*. Chicago: Magnolia Street Publishers.

Rosenbloom, D., Pratt, A. and Pearlman, L. (1999) "Helper's responses to trauma work: understanding and intervening in an organization." In B. Stamm (ed) *Secondary Traumatic Stress: Self-Care Issues for Clinicians*. Lutherville: Sidran Press.

Satir, V. and Baldwin, M. (1983) *Satir Step by Step: A Guide to Creating Change in Families*. Palo Alto: Science and Behavior Books.

Terzian, A. (1993) *The Kid's Multicultural Art Book: Art & Craft Experiences From Around the World*. Charlotte: Williamson Publishing.

찾·아·보·기